IL LIBRO COMPLETO GRILL SMOKE BBQ

100 RICETTE PER IL BBQ FACILI DA PREPARARE

GIOVANNA UDINESI

© COPYRIGHT 2021 TUTTI I DIRITTI RISERVATI

Questo documento ha lo scopo di fornire informazioni esatte e affidabili sull'argomento e sulla questione trattata. La pubblicazione viene venduta con l'idea che l'editore non è tenuto a prestare servizi contabili, ufficialmente autorizzati o altrimenti qualificati. Se è necessaria una consulenza, legale o professionale, dovrebbe essere ordinata una persona pratica nella professione.

In nessun modo è legale riprodurre, duplicare o trasmettere qualsiasi parte di questo documento in formato elettronico o cartaceo. La registrazione di questa pubblicazione è severamente vietata e l'archiviazione di questo documento non è consentita se non previa autorizzazione scritta dell'editore. Tutti i diritti riservati.

Avviso di non responsabilità, le informazioni contenute in questo libro sono vere e complete al meglio delle nostre conoscenze. Tutte le raccomandazioni sono fatte senza garanzia da parte dell'autore o della pubblicazione della storia. L'autore e l'editore declinano ogni responsabilità in relazione all'uso di queste informazioni

Sommario

INTRODUZIONE 9

RICETTE VEGETARIANE 11

    1. Feta alla griglia 11

    2. Carote alla griglia 13

    3. Focaccia alla griglia 15

    4. Patate al limone grigliate 17

    5. Cous cous di pomodori grigliati 19

    6. Asparagi verdi alla griglia con salsa al limone 21

    7. Spiedini di formaggio e pomodoro alla griglia 23

    8. Funghi ostrica alla griglia 25

    9. Pomodori alle erbe grigliati 27

    10. Funghi alla griglia ripieni di feta 29

    11. Ratatouille di verdure grigliate 31

    12. Zucchine fritte in olio d'oliva 33

    13. Carciofi grigliati con maionese al wasabi 35

    14. Ananas grigliato con caramello salato e tortilla chips 37

    15. Funghi ripieni alla griglia 39

    16. Patate fritte alla griglia 41

    17. Bastoncini d'aglio alla griglia 43

    18. Funghi porcini alla griglia 45

19. Baguette all'aglio selvatico alla griglia..................47

20. Melanzane grigliate con olio all'aglio..................49

CONTORNI ALLA GRIGLIA..50

21. Ketchup di pomodoro piccante..........................50

22. Carote alla griglia...52

23. Piccole focacce..54

24. Pannocchie messicane......................................56

25. Pomodori alle erbe grigliati..............................58

26. Pizza patate..60

27. Chutney di mango...62

28. Ravanelli hardcore..63

29. Chimichurri...65

30. Patatine di carote..67

31. Patate grigliate alle erbe...................................69

32. Zucchine grigliate con formaggio di pecora.........71

33. Melanzane con semi di melograno......................73

34. Lattuga romana alla griglia con salsa alla menta..75

35. Spiedini di verdure alla griglia...........................77

PANE GRIGLIATO..79

36. Pane bianco ripieno..79

37. Pane alle noci...81

38. Grissini al pomodoro...83

39. Focaccia alla griglia 85

40. Pane al pomodoro...87

41. Insalata di pane croccante e formaggio 89

42. Piccole focacce..91

43. Pane gratinato 93

44. Pane con salmone affumicato 94

45. Panino al maialino da latte 96

MAIALE ALLA GRIGLIA..98

46. Filetto di maiale alla griglia...................................98

47. Collo di maiale alla griglia...................................100

48. Costolette in marinata di birra............................102

49. Costine di maiale con salsa al miele e peperoncino 104

50. Costolette in marinata alla birra........................106

51. Cevapcici 108

52. Costine di maiale con burro di arachidi............110

53. Costine di maiale alla caraibica..........................112

54. Pane gratinato 114

55. Cotolette alla griglia di maiali ruspanti 115

56. Cotoletta alla griglia..117

57. Involtini di controfiletto di maiale piccanti 119

58. Medaglioni di maiale marinato...........................121

59. Stinco di maiale alla griglia 123

60. Costine di maiale con dry rub 125

FRUTTI DI MARE E PESCE 127

61. Rotolo di salmone ripieno alla griglia 127

62. Tonno su stecco 129

63. sardine alla griglia 131

64. Orata alla griglia 133

65. Gamberi alla griglia 135

66. Scampi alla griglia su verdure wok 137

67. Spiedini di pesce alla griglia 139

68. Spiedino di pesce con salsa tarator 141

69. Salmone alpino alla griglia 143

70. Feta mediterranea al cartoccio 144

RICETTE DI MANZO 146

71. Bistecca porterhouse a base di fumo di whisky . 146

72. Cevapcici in piadina 148

73. Steakburger deluxe 150

74. Hamburger di manzo sfilacciato 152

75. Manzo sfilacciato dall'affumicatore 153

76. Bistecca di fianco nella marinata teriyaki 154

77. Bistecca Porterhouse dalla plancia di whisky 156

78. Filetto di manzo con pane all'aglio 158

79. T-Bone alla griglia inversa 160

80. Costolette di manzo dal fumo di noce americano 162

SALSE BARBECUE 164

81. Salsa di pomodoro piccante 164

82. La ricetta del burro Café de Paris 166

83. Chutney di pomodoro ricetta 168

84. Salsa di senape Carolina 170

85. Yogurt limone e menta 172

86. Ricetta Chutney di rabarbaro 174

87. Ricetta salsa olandese 176

88. Ricetta Guacamole 178

89. Ricetta del pesto di basilico 180

90. salsa teriyaki 182

POLLAME 184

91. Pollo alla griglia 184

92. Ali di pollo alla griglia 186

93. Spiedini di pollo yakitori alla griglia 188

94. Petto di pollo alla griglia con spinaci 190

95. Petto di pollo al sesamo 192

96. Involtini di prosciutto feta alla griglia 194

97. Panini con pollo alla griglia 195

98. Filetto di pollo alla griglia con guacamole............197

99. Banana grigliata e spiedini di pollo......................199

100. Arrosto di tacchino alla griglia..........................201

CONCLUSIONE 203

INTRODUZIONE

La tecnica di arrostire la carne o altri alimenti sulla brace è in uso da quando l'umanità ha dominato il fuoco, forse la più antica forma di cottura utilizzata con variazioni regionali in diverse parti del mondo.

Il barbecue è il barbecue americano popolare negli Stati Uniti. Usa una più ampia varietà di ingredienti (dalle costolette di maiale e hamburger al pollame, pesce e frutti di mare) e salse saporite per condire. È anche comune utilizzare griglie elettriche al posto della tradizionale griglia a carbone durante la cottura alla griglia.

I grilli erano l'alimento principale dei gauchos che in passato lavoravano con il bestiame. Arrostiscono la carne in campo aperto con spiedi di legno adagiati su trincee. La carne era solo condita con sale. Grigliare è diventato popolare tra i cittadini delle fattorie. Iniziò ad essere cucinato in casa e gustato nei ristoranti tipici, le steakhouse.

Il barbecue Gaucho è fatto con carne di manzo arrostita sulla brace. I pezzi di carne posti su spiedi o griglie (legno o metallo) vengono lentamente esposti a una ciotola di carbone o legna da ardere. Le fiamme dovrebbero essere evitate poiché bruciano la carne all'esterno e la lasciano indietro. I salumi più apprezzati sono la bistecca, le costine, la costata e il filetto. La carne può essere servita al sangue, media o ben cotta, con insalate, pane e farofa come contorni più comuni.

Oggi anche salsiccia, agnello, maiale e pollo fanno parte del barbecue gaucho. La tecnica di preparazione è la stessa della carne bovina; in alcuni casi si possono utilizzare anche salse per condire e salare.

RICETTE VEGETARIANE

1. Feta alla griglia

ingredienti

- 400 g di feta
- Ascolta 1 pulsante di punta
- 2 olio d'oliva
- 2 rametti di rosmarino
- 150 g di mirtilli
- 1 miele
- 2 aceto di vino rosso

Fasi di preparazione

1. Mettere la feta nelle ciotole in acciaio inox Sbucciare e tritare finemente l'aglio e spalmarlo sulla feta. Condire con pepe e condire con 1 cucchiaio di olio d'oliva. Grigliare sulla griglia per circa 15 minuti.
2. Nel frattempo, scaldare l'olio rimanente in una piccola casseruola, aggiungere i rametti di rosmarino nella casseruola e lasciare in infusione per 3-4 minuti a fuoco basso.
3. Aggiungere i mirtilli e il miele nella casseruola e far sobbollire brevemente, sfumare con l'aceto e cuocere a fuoco lento per 2-3 minuti.
4. Versare la salsa di mirtilli e rosmarino sulla feta grigliata e servire.

2. Carote alla griglia

ingredienti

- 800 g di carote
- 3 cucchiai di olio d'oliva
- ½ cucchiaino di miele liquido
- 1 ½ cucchiaio di succo d'arancia
- ½ cucchiaino di origano secco
- sale marino
- Pepe

Fasi di preparazione

1. Pulite, pelate e tagliate a metà le carote per il lungo. Mescolare l'olio con il miele, il succo

d'arancia e l'origano. Spennellate con esso la superficie tagliata delle carote e adagiatele sulla griglia ben calda.

2. Chiudete il coperchio e grigliate le carote per circa 6 minuti. Aggiustare di sale, pepe e servire in 4 piatti.

3. Focaccia alla griglia

ingredienti

- ½ cubetto di lievito
- 1 cucchiaino di sciroppo d'agave
- 500 g di farina integrale
- 1 cucchiaino di sale
- 1 spicchio d'aglio
- 2 rametti di rosmarino
- 2 olio d'oliva

Fasi di preparazione

1. Sbriciolate il lievito in una ciotolina e versateci sopra lo sciroppo d'agave. Mettere

da parte per circa 10 minuti fino a quando il lievito non si è sciolto e inizia a bollire.
2. Mettere la farina e il sale in una ciotola. Aggiungere il lievito e 300 ml di acqua tiepida e lavorare fino ad ottenere un impasto liscio. Se necessario aggiungete ancora un po' d'acqua. Coprire l'impasto e farlo riposare per circa 2 ore.
3. Nel frattempo schiacciate lo spicchio d'aglio. Staccate gli aghi di rosmarino dai rami. Scaldate l'olio d'oliva in una padella, lasciate in infusione l'aglio e il rosmarino per 10 minuti a fuoco basso.
4. Dividere l'impasto in quattro parti più o meno uguali e formare con le mani delle focacce ovali su un piano di lavoro leggermente infarinato. Spennellare la pasta con olio al rosmarino e grigliare sulla griglia con il coperchio chiuso per 3-4 minuti.

4. Patate al limone grigliate

ingredienti

- 800 g di patate piccole
- sale
- 3 spicchi d'aglio
- 1 limone biologico
- 4 cucchiai di olio d'oliva
- Pepe

Fasi di preparazione

1. Lavate le patate e lessatele in acqua bollente salata per circa 15 minuti. Nel frattempo scaldare la griglia.

2. Sbucciare l'aglio e tritarlo finemente. Lavare il limone con acqua calda, asciugarlo, strofinare la buccia e spremere il succo. Mescolare entrambi con l'aglio e l'olio, condire con sale e pepe. Scolare le patate, far evaporare, tagliare a metà le patate grandi se necessario e unirle alla marinata.
3. Mettere le patate in una ciotola e grigliare fino a doratura, girandole di tanto in tanto.
4. Servire in piccole ciotole.

5. Cous cous di pomodori grigliati

ingredienti

- sale
- 2 cucchiai di olio d'oliva
- 200 g di cous cous istantaneo
- 50 g di pinoli
- ½ mazzetto di prezzemolo
- 1 mazzetto di cipollotti
- 30 g di uva sultanina
- 1 cucchiaino di paprika rosa in polvere
- 1 cucchiaino di cannella
- Pepe
- 1200 g di pomodori (6 pomodori)

Fasi di preparazione

1. Portare a bollore 250 ml di acqua salata con l'olio. Togliere dal fuoco e versare il cous cous.
2. Mescolate brevemente, coprite e lasciate in ammollo per 5 minuti.
3. Mettere in una ciotola e sgranare con una forchetta.
4. Tostare i pinoli in padella senza grassi.
5. Lavare il prezzemolo, asciugarlo, tritare le foglie. Pulite, lavate e affettate sottilmente i cipollotti.
6. Mescolare il couscous con i pinoli, il prezzemolo, i cipollotti, l'uva sultanina, la paprika in polvere e la cannella. Condire con sale e pepe.
7. Lavare i pomodori. Tagliare un coperchio e raschiare i semi con un cucchiaio.
8. Condire l'interno dei pomodori con sale e pepe e farcire con il cous cous. Rimetti i coperchi.
9. Grigliare i pomodori su una teglia leggermente unta d'olio sulla griglia a fuoco medio per 10 minuti. Copri i pomodori con una

ciotola di metallo (o grigliali sotto una griglia chiusa, se ne hai uno).

6. Asparagi verdi alla griglia con salsa al limone

ingredienti

- 1 kg di asparagi verdi
- sale
- 3 limoni bio
- 4 cucchiai di olio d'oliva
- Pepe
- 1 cucchiaio di miele

Fasi di preparazione

1. Lavate gli asparagi, mondate il terzo inferiore, eliminate le estremità legnose. Mettere gli asparagi in acqua bollente salata per 5 minuti, scolarli e sciacquarli in acqua fredda (sbollentarli). Scolare bene.
2. Per la vinaigrette, lavare i limoni con acqua calda e asciugarli. Tagliare 2 limoni a fettine sottili e spremere il resto. Mescolare il succo di limone con l'olio. Condire con sale, pepe e miele e condire a piacere.
3. Grigliare gli asparagi su una griglia calda per 3-5 minuti, rigirandoli. Disporre su un piatto con gli spicchi di limone e servire irrorando con la vinaigrette.

7. Spiedini di formaggio e pomodoro alla griglia

ingredienti

- 300 g di pomodorini
- 300 g di feta
- 4 cipolle rosse
- 1 spicchio d'aglio
- 4 gambi di aneto
- 4 cucchiai di olio d'oliva
- sale
- Pepe

Fasi di preparazione

1. Lavare i pomodori e tagliarli a metà. Taglia a cubetti la feta. Sbucciare le cipolle e tagliarle a spicchi.

2. Sbucciare l'aglio e tritarlo molto finemente. Lavate l'aneto, asciugatelo bene, staccate le bandierine e tritatelo grossolanamente. Mescolare l'aglio e l'aneto con l'olio.
3. Adagiate sugli spiedini i pomodorini alternandoli con la feta e le cipolle e spennellate con l'olio. Lasciare in infusione per circa 30 minuti. Salare, pepare e grigliare sulla griglia calda per circa 6-8 minuti, girando di tanto in tanto.

8. Funghi ostrica alla griglia

ingredienti

- 1 cucchiaio di gherigli di noce
- 3 gambi di prezzemolo a foglia piatta
- 250 g di funghi ostrica (ca. 8 funghi)
- 2 cucchiaini di olio di colza
- sale
- pepe macinato grossolanamente
- 1 cucchiaio di olio di noci

Fasi di preparazione

1. Tritare le noci. Lavate il prezzemolo, asciugatelo bene, staccate le foglie e tritatele grossolanamente.

2. Pulite i funghi ostrica e tagliate la base di ogni gambo.
3. Rivestire una teglia di alluminio o una griglia con olio di colza. Adagiare sopra i funghi ostrica e grigliare sulla griglia calda per 1-2 minuti per lato.
4. Condire con sale e pepe. Condire con olio di noci, cospargere con prezzemolo e noci e servire.

9. Pomodori alle erbe grigliati

ingredienti

- 8 pomodori bistecca maturi
- 4 cucchiai di olio extra vergine di oliva
- 10 g di origano (0,5 mazzetti)
- 2 spicchi d'aglio
- sale
- Pepe

Fasi di preparazione

1. Lavare e tagliare a metà i pomodori, spennellarli con un filo d'olio, posizionare la superficie tagliata su un tavolo o su una griglia a carbone e grigliare fino a doratura in pochi minuti. Nel frattempo, lavate

l'origano, asciugatelo bene e privatelo delle foglie. Sbucciare l'aglio. Tritare entrambi.
2. Mescolare l'olio rimanente con origano, aglio, sale e pepe. Spennellare le superfici tagliate dei pomodori caldi con il composto e servire caldo.

10. Funghi alla griglia ripieni di feta

ingredienti

- 8 funghi commestibili portobello
- 2 scalogni
- 1 spicchio d'aglio
- 6 pomodori
- 4 cucchiai di olio d'oliva
- 2 cucchiai di pangrattato integrale
- 1 cucchiaino di origano secco
- sale
- Pepe
- 80 g di formaggio di pecora

Fasi di preparazione

1. Pulite i funghi e svitate i gambi. Tagliare finemente i gambi. Tappi svuotati. Sbucciate e tritate finemente lo scalogno e l'aglio. Lavare i pomodori. Per pelare i pomodori, fare un taglio a croce con un coltello da cucina, scottare per pochi secondi con acqua bollente, sciacquare e pelare. Quarto, torsolo e cubetti di pomodoro.
2. Per il ripieno, scaldare 2 cucchiai di olio d'oliva in una padella. Aggiungere i gambi dei funghi tagliati a dadini, lo scalogno e l'aglio e soffriggere a fuoco medio per 2-3 minuti. Aggiungere i pomodori e lasciar cuocere per circa 5 minuti. Togliere dal fuoco, unire il pangrattato e l'origano. Aggiustare di sale e pepe.
3. Spennellate le cappelle dei funghi con l'olio rimasto e riempite. Mettere sulla griglia e grigliare con il coperchio chiuso per 10-15 minuti. Sbriciolate il formaggio di pecora. Spalmare sui funghi e grigliare per altri 4-5 minuti. Servire subito.

11. Ratatouille di verdure grigliate

ingredienti
- 3 peperoni (rosso, giallo e verde)
- 1 zucchina
- 1 melanzana
- 1 cipolla
- sale
- Pepe
- olio d'oliva
- 1 barattolo/i di pomodori (in succo, ca. 850 g)
- Aceto balsamico
- 1 pizzico di zucchero
- rosmarino
- timo

- saggio

preparazione

1. Sbucciare la paprika cruda dalle verdure grigliate per la ratatouille, togliere il torsolo e tagliarla a pezzi. Tagliate le zucchine a rondelle, mondate la melanzana e la cipolla e tagliatele a rondelle. Salare e pepare tutte le verdure, condire con un filo d'olio d'oliva, grigliare su entrambi i lati.
2. Ridurre un po' i pomodori con sale, pepe, aceto balsamico e zucchero. Scolare i pomodori, unirli alle verdure grigliate e scaldare ancora brevemente. Condire la ratatouille di verdure grigliate con un trito di rosmarino, timo e salvia.

12. Zucchine fritte in olio d'oliva

ingredienti
- 4 zucchine (piccole)
- sale
- Pepe (macinato fresco)
- 3 spicchi d'aglio (sbucciati e leggermente schiacciati)
- 1 pezzo di rametti di timo
- 1 rametto di rosmarino
- olio d'oliva

preparazione
1. Lavare le zucchine nell'olio d'oliva e tagliarle a fette oblunghe per le zucchine fritte (circa 4 mm).

2. Si consiglia di friggere in olio d'oliva con sale e pepe in una padella di ghisa (o sulla griglia).
3. Adagiateli in un barattolo una volta che avranno preso un bel colore dorato.
4. Quindi fate soffriggere l'aglio e versate sopra le zucchine con abbondante olio d'oliva ed erbe aromatiche.
5. Mettere in frigo o condire con aceto balsamico ancora caldo e servire con parmigiano.

13. Carciofi grigliati con maionese al wasabi

ingredienti

Per i carciofi:
- 4 carciofi
- 2 cucchiai di olio d'oliva
- 1 limone (succo)
- sale marino

Per la maionese:
- 2 tuorli d'uovo
- 1 limone (succo e scorza)
- 1 cucchiaino di wasabi in polvere
- 100 ml di olio di girasole
- sale

preparazione
1. In una tazza alta, frullare i tuorli con il succo e la scorza di limone e la polvere di

wasabi con un frullatore a immersione. Versare lentamente l'olio di semi di girasole e mescolare per unire. Condire con sale a piacere.

2. I carciofi vanno lavati e puliti e il gambo va tagliato appena sopra il gambo. Aprire leggermente le foglie, versare il succo di limone nelle tazze e condire leggermente.
3. Avvolgere i carciofi in un foglio di alluminio e infornare per 25 minuti a 190°C.
4. Rimuovere le foglie dalla carta stagnola, strappare le foglie esterne, tagliarle a metà e far rosolare nuovamente l'olio d'oliva in una griglia.

14. Ananas grigliato con caramello salato e tortilla chips

ingredienti
- 1 ananas (sbucciato, squartato, tagliato 3 blocchi da ogni quarto)
- 6-8 cucchiai di zucchero semolato
- 150 ml di latte di cocco
- sale marino
- 1 confezione di tortilla chips
- Menta (fresca)

preparazione
1. Per l'ananas grigliato con caramello salato e tortilla chips, sciogliere prima lo zucchero in una padella per il caramello e farlo caramellare finché non è relativamente

scuro. Quindi sfumare con il latte di cocco e ridurre a sciroppo. Condire a piacere con sale marino.
2. Grigliare l'ananas in una padella antiaderente su tutti i lati finché non sarà caldo.
3. Disporre l'ananas nel piatto, irrorare con il caramello salato, guarnire con foglie di menta e servire l'ananas grigliato con il caramello salato e le tortilla chips.

15. Funghi ripieni alla griglia

ingredienti
- 8 pz. Funghi (grandi)
- 1 tazza di crema di formaggio alle erbe (biologico)
- 5 gg di Emmentaler (grattugiato, biologico)
- 1 cucchiaino di sale
- Pepe (dal mulino)

preparazione
1. Pulite i funghi ed eliminate i gambi prima di farcirli. Con un taglia melone, raschiare l'interno dei funghi per creare una bella cavità, quindi metterli in una ciotola.

2. Unire la crema di formaggio alle erbe e l'Emmentaler grattugiato. Condite con sale e pepe a piacere. Il ripieno deve essere farcito nelle cappelle dei funghi.
3. Se l'interno dei funghi non dovesse bastare, potete sempre tagliare qualche gambo a cubetti fini e unirli al resto del composto.
4. Ad esempio, adagiate i funghi su una piccola teglia o una casseruola leggermente unta d'olio e infornate per circa 10 minuti a 160° C.
5. Quindi, per circa 5-10 minuti, mettere sulla griglia e cuocere fino a cottura.

16. Patate fritte alla griglia

ingredienti
- 12 patate (di media grandezza)
- 2 cucchiai di prezzemolo (fresco e tritato)
- 2 spicchi d'aglio
- olio d'oliva
- sale
- Pepe

preparazione
1. Tagliare le patate da medie a leggermente piccole a metà nel senso della lunghezza (tagliare nel punto più largo). Quindi mescolare il prezzemolo tritato e lo spicchio

d'aglio spremuto in una ciotola e versare l'olio d'oliva (quantità a piacere).

2. Disponete ora le metà delle patate con la superficie tagliata rivolta verso l'alto e spennellate con l'aglio-prezzemolo-olio d'oliva. Lascia che qualcosa si impregni e prima posiziona il lato tagliato sulla griglia.

3. In totale, le patate fritte alla griglia impiegano circa 20 minuti, a seconda del tipo di griglia.

17. Bastoncini d'aglio alla griglia

ingredienti

- 1/2 kg di farina (metà liscia/metà grippante)
- 1 cucchiaino di sale
- 20 g di olio
- 1 bustina di lievito secco
- 300 g di birra di malto
- 1 bulbo(i) di aglio
- Olio (qualcosa per l'aglio)

preparazione

1. Per gli spicchi d'aglio alla griglia, sbucciare l'aglio, tritarlo finemente e condirlo con un filo d'olio d'oliva. Successivamente, preparate un impasto lievitato di farina,

lievito secco, sale, olio e birra al malto e lasciatelo riposare per 1/2 ora.
2. Formate delle palline da 80 g e lasciate riposare per altri 15 minuti. Quindi stendere in lunghe torte piatte, spennellare con l'aglio tritato finemente e arrotolare.
3. Stendete nuovamente i panini finiti con il mattarello e avvitateli. Infornate in griglia a 180 gradi.

18. Funghi porcini alla griglia

ingredienti
- 100 g di funghi porcini

Per la marinata:
- 2 cucchiai di olio d'oliva
- 1 spicchio(i) d'aglio
- 1/2 cucchiaino di sale
- Timo (fresco)
- Origano (fresco)

preparazione
1. Per i funghi porcini grigliati, pulire i funghi porcini e tagliarli a pezzi di ca. Fette sottili 1 cm. Dimezza solo i funghi piccoli. Preparare la marinata con olio d'oliva, spicchio d'aglio

schiacciato, sale, timo fresco e origano. Mettere i funghi porcini nella marinata.
2. Grigliare in una teglia da grill per circa 10 minuti.

19. Baguette all'aglio selvatico alla griglia

ingredienti
- 1 baguette
- 80 g di burro
- 4 spicchi d'aglio
- 1 mazzetto di aglio orsino (ca. 35 g)
- sale

preparazione
1. Per prima cosa preparate il burro all'aglio orsino. Per fare questo, scaldare il burro a temperatura ambiente e schiacciarci dentro gli spicchi d'aglio.
2. Lavate l'aglio orsino, scolatelo bene e tritatelo finemente. Aggiungere l'aglio

orsino e il sale al burro e mescolare bene. Tagliare circa un terzo della baguette ogni 2 cm.
3. Spalmare un po' di burro all'aglio selvatico in ogni taglio. Quindi, tagliare completamente la baguette lunga al centro e grigliare 2 pezzi.
4. Grigliare sul lato inferiore per ca. 2-3 minuti, quindi girare con cautela e grigliare brevemente.

20. Melanzane grigliate con olio all'aglio

ingredienti
- 1 melanzana
- 3 dita(e) d'aglio
- 4 cucchiai di olio d'oliva
- 1 cucchiaino di sale

preparazione
1. Per prima cosa sbucciate e schiacciate gli spicchi d'aglio per le melanzane grigliate con olio all'aglio. Mescolare bene l'olio, l'aglio e il sale, tagliare la melanzana a fette spesse 2 cm e spennellare bene con l'olio all'aglio.
2. Grigliare le fette di melanzana su entrambi i lati per circa 5 minuti o in una teglia. Le melanzane grigliate con olio all'aglio sono molto buone servite con pane bianco fresco.

CONTORNI ALLA GRIGLIA

21. Ketchup di pomodoro piccante

ingredienti

- 1 ½ kg di pomodori
- 2 cipolle
- 2 spicchi d'aglio
- 150 g di mele piccole (1 mela piccola)
- 2 cucchiai di olio d'oliva
- 3 cucchiai di sciroppo d'acero
- 6 grani di pimento
- 1 cucchiaino di pepe in grani
- 1 cucchiaio di semi di senape
- 1 foglia di alloro

- 1 chiodo di garofano
- 100 ml di aceto di mele
- sale
- pepe di Caienna
- polvere di cannella

Fasi di preparazione

1. Pulite, lavate e tritate i pomodori. Sbucciare e tritare le cipolle e l'aglio. Pulite la mela, tagliatela a metà, privatela del torsolo e tagliatela a cubetti.
2. Scaldare l'olio in una pentola. Soffriggere le cipolle, l'aglio e la mela a fuoco medio per 2 minuti. Versarvi sopra lo sciroppo d'acero e caramellare dolcemente per 5 minuti mescolando. Aggiungere pimento, pepe, senape, alloro e chiodi di garofano e cuocere per 3 minuti. Aggiungere i pomodori e l'aceto e lasciar sobbollire per circa 30 minuti a fuoco basso, mescolando di tanto in tanto.
3. Passare il composto di pomodoro al setaccio, rimetterlo nella casseruola, portare a bollore e lasciar sobbollire per circa 10 minuti a fuoco lento. Condire i pomodori con sale, pepe di Cayenna e un pizzico di cannella, riempire in bottiglie pulite e chiudere bene.

22. Carote alla griglia

ingredienti

- 800 g di carote
- 3 cucchiai di olio d'oliva
- ½ cucchiaino di miele liquido
- 1 ½ cucchiaio di succo d'arancia
- ½ cucchiaino di origano secco
- sale marino
- Pepe

Fasi di preparazione

3. Pulite, pelate e tagliate a metà le carote per il lungo. Mescolare l'olio con il miele, il succo

d'arancia e l'origano. Spennellate con esso la superficie tagliata delle carote e adagiatele sulla griglia ben calda.
4. Chiudete il coperchio e grigliate le carote per circa 6 minuti. Aggiustare di sale, pepe e servire in 4 piatti.

23. Piccole focacce

ingredienti

- 500 g di farina integrale
- 21 g lievito fresco (0,5 cubetti)
- 1 cucchiaino di miele
- 1 cucchiaino di sale
- 70 ml di olio d'oliva
- 7 cipollotti

Fasi di preparazione

1. Setacciate la farina in una ciotola capiente, facendo un pozzo al centro. Sbriciolate il lievito nel pozzo, versateci sopra il miele e 4

cucchiai di acqua tiepida. Spolverare con un po' di farina il bordo e coprire il preimpasto in un luogo caldo e al riparo da correnti d'aria per circa 10 minuti.
2. Aggiungere il sale, 4 cucchiai di olio d'oliva e circa 200 ml di acqua tiepida al preimpasto e utilizzare il gancio per impastare di una frusta a mano per formare un impasto liscio. Coprite con un canovaccio umido e lasciate lievitare a temperatura ambiente per circa 1 ora.
3. Nel frattempo lavate e mondate i cipollotti e tagliateli a rondelle fini.
4. Lavorate ancora bene l'impasto su un piano di lavoro infarinato con gli involtini di cipollotto e circa 2 cucchiai di olio d'oliva. Quindi dividere in 8 pezzi. Con il mattarello stendete delle piccole focacce e spennellate con il resto dell'olio. Grigliare sulla griglia calda su entrambi i lati per ca. 10-15 minuti girando.

24. Pannocchie messicane

ingredienti

- 6 pannocchie (senza brattee e fili)
- sale
- 4 cucchiai di olio d'oliva
- 10 g di coriandolo (0,5 mazzetti)
- Pepe
- 1 spicchio d'aglio
- 1 cucchiaino di olio di colza
- 2 lime bio
- peperoncino in polvere
- 100 g di feta (9% di grassi)

Fasi di preparazione

1. Pulite e lavate le pannocchie e fatele cuocere in acqua salata a fuoco medio per circa 5 minuti. Scolare e scolare. Spennellare le pannocchie con 2 cucchiai di olio d'oliva.
2. Lavate il coriandolo, asciugatelo bene, staccate le foglie, tritatelo e mescolatelo con l'olio rimasto, sale e pepe. Successivamente, sbucciare e tritare l'aglio e mescolarlo con l'olio.
3. Ungete la griglia con olio di colza. Mettere le pannocchie sulla griglia preriscaldata e grigliare per circa 10-15 minuti, girandole di tanto in tanto, finché non saranno cotte e ben rosolate.
4. Nel frattempo, sciacquate i lime con acqua calda, asciugateli e tagliateli a spicchi. Togliere le pannocchie dalla griglia, metterle in una ciotola, condire con sale e peperoncino in polvere e condire con l'olio alle erbe. Sbriciolate sopra la feta e servite le pannocchie con gli spicchi di lime.

25. Pomodori alle erbe grigliati

ingredienti

- 8 pomodori bistecca maturi
- 4 cucchiai di olio extra vergine di oliva
- 10 g di origano (0,5 mazzetti)
- 2 spicchi d'aglio
- sale
- Pepe

Fasi di preparazione

3. Lavare e tagliare a metà i pomodori, spennellarli con un filo d'olio, posizionare la superficie tagliata su un tavolo o su una griglia a carbone e grigliare fino a doratura in pochi minuti. Nel frattempo, lavate

l'origano, asciugatelo bene e privatelo delle foglie. Sbucciare l'aglio. Tritare entrambi.
4. Mescolare l'olio rimanente con origano, aglio, sale e pepe. Spennellare le superfici tagliate dei pomodori caldi con il composto e servire caldo.

26. Pizza patate

ingredienti
- 5 patate di media grandezza (ceree)
- 200 g di pomodori freschi
- 1 cipolla
- 1 spicchio d'aglio
- olio d'oliva
- Olive (verdi/nere)
- 200 g di formaggio grattugiato (Gouda o Emmentaler)
- 1 cucchiaio di origano, grattugiato
- 1 cucchiaio di basilico, strofinato
- Pepe
- sale
- Basilico, fresco

Preparazione

1. Le patate vengono lavate e poi cotte fino a cottura (ca. 25-30 minuti). Nel frattempo, lavate i pomodori e tagliateli a dadini, le cipolle e l'aglio. Si scalda l'olio in una padella, nella quale si fanno cuocere a vapore i pomodori e i cubetti di cipolla e aglio e si fa bollire un po' il composto. Le patate vengono tagliate a metà per il lungo e scavate con un cucchiaino (profondità circa 0,5 cm). L'interno delle patate viene schiacciato con una forchetta e mescolato al composto di pomodoro. Aggiungere le olive tagliate a metà, metà del formaggio, le erbe aromatiche essiccate e sale/pepe al composto di pomodoro e mescolare bene. Il composto viene versato nelle patate e l'altra metà del formaggio viene cosparsa su di essa.

Grigliare

2. La griglia è predisposta per la cottura indiretta a 180°C. Le patate vengono grigliate per circa 30 minuti con il coperchio chiuso. Quindi vengono cosparsi di erbe fresche (ad es. basilico) per servire: deliziose!

27. Chutney di mango

ingredienti

- ½ mango
- 1 cucchiaio di zucchero di canna marrone
- succo di mela
- Paprika in polvere (calda, se lo si desidera)
- Pepe macinato

Preparazione

1. Per prima cosa il mango viene sbucciato, separato dal torsolo e tagliato a cubetti. Friggere i cubetti in una casseruola per qualche minuto fino a quando i pezzi diventano morbidi. Quindi cospargete con lo zucchero e lasciate caramellare mescolando. Togliere i cubetti con il succo di mela e far bollire un po' il liquido fino a formare una

salsa densa. Assaggiate il chutney con la paprika in polvere e il pepe.

28. Ravanelli hardcore

ingredienti

- 1 mazzetto di ravanelli (circa 20 pezzi)
- 150 ml di aceto balsamico (qui: balsamo di sambuco)
- 100 ml di acqua
- ½ cucchiaio di sale
- 1 cucchiaio di zucchero
- 1 cucchiaio di semi di senape
- 1 cucchiaio di pepe in grani

Preparazione

1. I ravanelli vengono lavati e le estremità rimosse. Gli ingredienti per la birra vengono mescolati e fatti bollire in una casseruola.

2. Quindi i ravanelli vengono distribuiti nei bicchieri e versati con il brodo bollente. I vasetti vengono chiusi con un anello di gomma e fatti bollire a 120°C in una teglia riempita d'acqua per 30 minuti. Prima di aprire il barattolo, i ravanelli dovrebbero restare in ammollo per almeno due settimane. Sono ideali come condimento per hamburger, in insalata o semplicemente per snack.

29. Chimichurri

ingredienti
- 1 mazzetto di prezzemolo
- 2 spicchi d'aglio
- 1 cipolla rossa piccola
- buon olio d'oliva (qui: olio di rosmarino al limone)
- 1 peperoncino o peperoncino
- Pepe
- sale
- 1 cucchiaino di origano, essiccato
- 1 cucchiaino di timo, essiccato

Preparazione
1. il prezzemolo, gli spicchi d'aglio, il peperoncino/peperoncino e la cipolla vengono tritati finemente. Nel mortaio, tutti gli

ingredienti vengono trasformati in una pasta con olio d'oliva. Viene versato olio d'oliva a sufficienza per ottenere una pasta cremosa. La salsa può essere consumata subito o lasciata in infusione fino a 24 ore. Chimichurri si sposa perfettamente con la sua succosa bistecca, ma può essere servito anche con molti altri piatti.

30. Patatine di carote

ingredienti
- 500 g di carote
- 3 cucchiai di olio d'oliva
- 2 cucchiai di strofinare a scelta
- 2 cucchiai di parmigiano, grattugiato finemente
- erba cipollina

Preparazione
1. Le carote sono lavate, non pelate! Quindi le tagli a strisce per avere le dimensioni delle "normali" patatine fritte. Le carote si mescolano bene con l'olio d'oliva, lo strofinaccio e il parmigiano e poi si adagiano su un recipiente ignifugo foderato di carta da forno.

Grigliare
2. La griglia è predisposta per la cottura indiretta a 180°C. Le patate fritte di carote sono ora "cotte" per 30 minuti. Le patatine finite sono decorate con erba cipollina e un po' di ketchup! Se volete, potete anche creare una leggera affumicatura nella griglia, in modo che le patatine abbiano ancora una leggera nota affumicata.

31. Patate grigliate alle erbe

ingredienti
- 800 g di patate a pasta filata
- sale
- 1 rametto di rosmarino
- 1 spicchio d'aglio
- 1 scalogno
- 6 cucchiai di olio d'oliva
- olio per la griglia
- erbe aromatiche fresche per guarnire
- 1 cucchiaio di succo di limone per condire

Fasi di preparazione
1. Lavate bene le patate e lessatele in acqua bollente salata per circa 20 minuti.
2. Nel frattempo scaldate la griglia.

3. Lavate il rosmarino, asciugatelo bene, privatelo degli aghi e tritatelo finemente. Mondate l'aglio e lo scalogno, tritateli anch'essi finemente e mescolateli con il rosmarino, l'olio, il sale e il pepe.
4. Scolare le patate, farle evaporare, tagliarle a metà, condirle con l'olio alle erbe e adagiare la superficie tagliata rivolta verso il basso sulla griglia ben calda e unta d'olio. Grigliare per 3-4 minuti, girare e grigliare per altri 3-4 minuti. Spennellare ancora e ancora con il resto della marinata.
5. Servite le patate con erbe fresche, irrorate con succo di limone e servite subito.

32. Zucchine grigliate con formaggio di pecora

ingredienti
- 600 g di zucchine
- 3 spicchi d'aglio
- 8 cucchiai di olio d'oliva
- sale
- Pepe
- 150 g di feta (45% di grassi sulla sostanza secca)
- 2 gambi di menta per guarnire

Fasi di preparazione
1. Pulite e lavate le zucchine e tagliatele in diagonale in ca. Fette spesse 0,7 cm. Sbucciare e tritare l'aglio, condirlo con l'olio, sale e pepe, irrorare con le fette di

zucchina e lasciare in infusione per circa 1 ora.

2. Nel frattempo sbriciolate la feta a pezzi, lavate la menta, asciugatela con uno scuotimento e staccate le foglie. Scaldare la griglia, posizionare le fette di zucchine sulla griglia calda e grigliare per 6-8 minuti girando. Condire più e più volte con l'olio all'aglio. Cospargete con la feta e servite nei piatti, guarnendo con la menta.

33. Melanzane con semi di melograno

ingredienti
- 600 g di melanzane (2 melanzane)
- sale
- 1 melograno
- 10 g di prezzemolo (0,5 mazzetti)
- 1 spicchio d'aglio
- 3 cucchiai di olio d'oliva
- mare grosso sale
- 1 cucchiaio di aceto balsamico

Fasi di preparazione
1. Pulite e lavate le melanzane, tagliatele a metà per il lungo, aggiustate di sale e lasciate riposare per 10 minuti.
2. Nel frattempo, tagliare a metà il melograno e togliere i semi dal frutto. Lavate il

prezzemolo, asciugatelo bene, staccate le foglie e tritatelo. Sbucciare e tritare finemente l'aglio e condirlo con 2 cucchiai di olio.
3. Asciugare le melanzane e spennellarle con metà dell'olio all'aglio. Grigliare le melanzane sulla griglia preriscaldata per circa 10-12 minuti, girandole di tanto in tanto e spennellandole con l'olio rimasto.
4. Per servire, cospargere le melanzane con chicchi di melograno, sale marino e prezzemolo e condire con aceto balsamico.

34. Lattuga romana alla griglia con salsa alla menta

ingredienti
- 30 g di pinoli (2 cucchiai)
- 2 gambi di menta
- 3 cucchiai di olio d'oliva
- sale
- Pepe
- 1 cucchiaio di succo di limone
- 600 g di cuore di insalata romana (4 cuori di insalata romana)
- 30 g di parmigiano (1 pezzo; 30% di grasso sulla sostanza secca)
- 200 g di pane di farro integrale

Fasi di preparazione

1. Tostare i pinoli in una padella calda a fuoco medio senza grassi. Nel frattempo, lavate la menta, asciugatela e privatela delle foglie. Frullate finemente le foglie con olio e 2-3 cucchiai d'acqua. Condire con sale, pepe e succo di limone.
2. Lavate i cuori di lattuga, asciugateli e tagliateli a metà per il lungo. Spennellare con 1 cucchiaio di olio di condimento e arrostire per 5 minuti sulla griglia preriscaldata, girando di tanto in tanto. Nel frattempo affettate il parmigiano.
3. Disporre i cuori di lattuga su un piatto da portata, irrorare con l'olio di condimento rimasto e spolverare con pinoli e parmigiano.
4. Arrostire il pane baguette sulla griglia e servire con l'insalata.

35. Spiedini di verdure alla griglia

ingredienti
- 2 peperoni gialli
- 2 peperoni rossi
- 6 cipolle bianche piccole
- 2 zucchine
- 8 funghi
- 3 cucchiai di olio d'oliva
- sale
- Pepe
- 2 cucchiaini di erbe di Provenza essiccate
- 4 rami di rosmarino

Fasi di preparazione
1. Lavate, tagliate a metà e private del torsolo i peperoni e tagliateli a pezzetti. Sbucciare e tagliare a metà le cipolle. Lavate e mondate

le zucchine e tagliatele a fette spesse 1 cm. Pulite e tagliate in quarti i funghi.
2. Mettere le verdure e i funghi alternativamente su spiedini lunghi. Spennellare ciascuna con un filo d'olio e condire con sale, pepe e le erbe aromatiche. Lavate il rosmarino, asciugatelo bene e mettetelo sulla griglia calda insieme agli spiedini di verdure. Cuocere per circa 8 minuti su tutti i lati mentre si gira. Servire subito.

PANE GRIGLIATO

36. Pane bianco ripieno

ingredienti

- 250 g di farina di frumento
- 2 cucchiaini di zucchero di canna integrale
- 100 ml di latte tiepido (3,5% di grassi)
- 1 bustina di lievito secco
- 100 g di patate al cartoccio
- 2 cucchiai di burro liquido
- 200 g di farina di grano tenero tipo 1050
- 2 cucchiaini di sale
- 1 manciata di erba cipollina (10 g)
- 6 fette di gouda . medievale

Fasi di preparazione

1. Mescolare 100 g di farina di frumento con lo zucchero di canna integrale, 100 ml di acqua tiepida, il latte e il lievito in una ciotola e coprire e far lievitare in luogo tiepido per 30 minuti.
2. Nel frattempo sbucciate le patate e schiacciatele con lo schiacciapatate. Impastare poi la pasta madre con le patate, il burro, la farina rimasta, il tipo 1050 e il sale. Formate una palla e mettetela su una teglia. Coprite e lasciate lievitare per circa 1 ora, finché l'impasto non avrà raddoppiato di volume.
3. Cuocere il pane bianco in forno preriscaldato a 200 ° C per 30-40 minuti fino a doratura. Nel frattempo lavate l'erba cipollina, asciugatela e tagliatela a rondelle. Tagliare il formaggio a pezzetti.
4. Lascia raffreddare il pane. Tagliare in profondità a forma di reticolo quando si è raffreddato. Farcire le fettine con erba cipollina e formaggio, servire subito.

37. Pane alle noci

ingredienti

- 500 g di farina integrale
- 1 bustina di lievito secco
- 10 g di zucchero di canna intero (1 cucchiaino)
- 2 rami di rosmarino
- 150 g di gherigli di noce
- 2 cucchiai di miele
- 1 cucchiaino di sale
- Pepe
- 50 ml di latte (1,5% di grassi)
- 50 ml di olio d'oliva

Fasi di preparazione

1. Mescolare la farina, il lievito e lo zucchero in una ciotola.
2. Incorporare 250 ml di acqua tiepida con il gancio per impastare della planetaria fino ad ottenere un impasto omogeneo. Coprite e lasciate lievitare in un luogo caldo per circa 30 minuti.
3. Nel frattempo, sciacquare il rosmarino, asciugarlo, strappare gli aghi e tritare.
4. Tostare brevemente le noci in una padella antiaderente. Unire il miele e il rosmarino e scaldare. Condite con sale e pepe e mettete su un piatto.
5. Scaldare il latte tiepido, quindi unirlo all'impasto con l'olio. Impastare la miscela di noci e miele fino a quando tutto si è unito e l'impasto è lucido e liscio.
6. Formate con l'impasto una pagnotta allungata e adagiatela su una teglia foderata con carta da forno. Coprite e lasciate lievitare in un luogo tiepido per circa 20 minuti. Cuocere in forno preriscaldato a 220°C sul ripiano centrale per ca. 40 minuti.

38. Grissini al pomodoro

ingredienti

- 250 g di farina integrale
- 250 g di farina di farro integrale
- 1 ½ bustina di lievito secco
- 1 cucchiaino di zucchero di canna integrale
- 1 cucchiaino di sale
- 100 g di pomodori secchi (sott'olio)
- 100 ml di succo di pomodoro
- 5 gambi di timo

Fasi di preparazione

1. Mescolare farina, lievito, zucchero e sale in una ciotola.
2. Scolare i pomodori, raccogliendo 1 cucchiaio di olio. Tagliare a cubetti i pomodori.
3. Scaldare il succo di pomodoro e 250 ml di acqua in una casseruola tiepida.
4. Aggiungere l'acqua di pomodoro e l'olio di pomodoro raccolto alla farina e impastare con il gancio per impastare della planetaria fino a quando l'impasto non bolle.
5. Coprite e lasciate lievitare in un luogo caldo per circa 30 minuti.
6. Lavate il timo, asciugatelo bene e staccate le foglie.
7. Impastare nell'impasto i cubetti di pomodoro e le foglie di timo. Formate con l'impasto 2 grissini corti.
8. Adagiate su una teglia foderata con carta da forno, incidete con un coltello e lasciate lievitare per altri 10 minuti. Cuocere in forno preriscaldato a 200°C per 25-30 minuti.

39. Focaccia alla griglia

ingredienti

- ½ cubetto di lievito
- 1 cucchiaino di sciroppo d'agave
- 500 g di farina integrale
- 1 cucchiaino di sale
- 1 spicchio d'aglio
- 2 rametti di rosmarino
- 2 olio d'oliva

Fasi di preparazione

1. Sbriciolate il lievito in una ciotolina e versateci sopra lo sciroppo d'agave. Mettere da parte per circa 10 minuti fino a quando il lievito non si è sciolto e inizia a bollire.

2. Mettere la farina e il sale in una ciotola. Aggiungere il lievito e 300 ml di acqua tiepida e lavorare fino ad ottenere un impasto liscio. Se necessario aggiungete ancora un po' d'acqua. Coprire l'impasto e farlo riposare per circa 2 ore.
3. Nel frattempo schiacciate lo spicchio d'aglio. Staccate gli aghi di rosmarino dai rami. Scaldate l'olio d'oliva in una padella, lasciate in infusione l'aglio e il rosmarino per 10 minuti a fuoco basso.
4. Dividere l'impasto in quattro parti più o meno uguali e formare con le mani delle focacce ovali su un piano di lavoro leggermente infarinato. Spennellare la pasta con olio al rosmarino e grigliare sulla griglia con il coperchio chiuso per 3-4 minuti.

40. Pane al pomodoro

ingredienti

- 675 g di farina di farro tipo 1050
- ½ cubetto di lievito fresco
- 100 g di pomodori secchi
- 100 g di farina di farro integrale
- 15 g di sale

Fasi di preparazione

1. La sera prima: in una ciotola setacciare 250 g di farina di farro tipo 1050, fare un buco al centro e sbriciolarvi il lievito.
2. Versare 500 ml di acqua tiepida. Impastare con il gancio per impastare della planetaria per 2-3 minuti. Coprite e lasciate riposare a

temperatura ambiente per almeno 12 ore, meglio 16 ore.
3. Il giorno dopo: Tritare i pomodori secchi.
4. Aggiungere al preimpasto i pomodori, la farina rimanente e il sale e impastare brevemente con il gancio per impastare della planetaria.
5. Quindi adagiate sul piano di lavoro cosparso di farina e impastate con le mani per 10 minuti.
6. Coprire l'impasto in una ciotola e farlo lievitare a temperatura ambiente fino al raddoppio del volume.
7. Riponete l'impasto sul piano di lavoro infarinato. Impastare per 1 minuto e formare 2 pagnotte ovali.
8. Mettere su una teglia ricoperta di carta da forno. Coprite con un canovaccio infarinato e lasciate lievitare per altri 90 minuti, il volume dovrà raddoppiare nuovamente.
9. Mettere il pane cotto sul ripiano più basso nel forno preriscaldato a 225°C e adagiare una casseruola con 200 ml di acqua al suo interno. Cuocere il pane per 10 minuti. Togliere la ciotola dell'acqua, abbassare la fiamma a 200°C e cuocere il pane per altri

25-30 minuti. Lasciar raffreddare su una griglia da forno o su una gratella.

41. Insalata di pane croccante e formaggio

ingredienti
- 120 g di pane di segale integrale (3 fette)
- 30 g di uva sultanina
- 4 cucchiai di aceto di frutta
- sale
- Pepe
- 4 cucchiai di olio di cartamo
- 300 g di mele
- 1 ½ mazzo di ravanelli
- 100 g affettato formaggio
- 1 mazzetto di prezzemolo a foglia piatta

Fasi di preparazione

1. Tagliare il pane a cubetti di 1 cm e tostarli in una padella senza olio a fuoco medio per circa 4 minuti fino a renderli croccanti. Mettere su un piatto e lasciare raffreddare.
2. Nel frattempo sciacquate l'uvetta con acqua calda e scolatela. Mescolare l'aceto di frutta con un po' di sale, pepe e olio di cartamo per preparare un condimento per l'insalata.
3. Lavare le mele, tagliare ogni mela dai 4 lati verso il centro a fette spesse circa 5 mm, tagliare le fette a cubetti. Mescolare i cubetti di mela e l'uva sultanina con il condimento.
4. Lavare, scolare e pulire i ravanelli. Mettere da parte le foglioline di ravanello; Tagliare a quarti i ravanelli.
5. Tagliare le fette di formaggio in quadrati di 2 cm. Lavate il prezzemolo, asciugatelo bene e strappate le foglie.
6. Mescolare il formaggio, il prezzemolo e le foglie di ravanello, i ravanelli e la salsa di mele. Aggiustare di sale e pepe.
7. Mettere la lattuga in un contenitore per alimenti ben chiuso e capiente (ca. 1,5 l di contenuto) per il trasporto. Mettere i cubetti di pane in un contenitore più piccolo

(ca. 500 m di capacità) e cospargere con formaggio e insalata di ravanelli prima di servire.

42. Piccole focacce

ingredienti
- 500 g di farina integrale
- 21 g lievito fresco (0,5 cubetti)
- 1 cucchiaino di miele
- 1 cucchiaino di sale
- 70 ml di olio d'oliva
- 7 cipollotti

Fasi di preparazione
1. Setacciate la farina in una ciotola capiente, facendo un pozzo al centro. Sbriciolate il lievito nel pozzo, versateci sopra il miele e 4 cucchiai di acqua tiepida. Spolverare con un

po' di farina il bordo e coprire il preimpasto in un luogo caldo e al riparo da correnti d'aria per circa 10 minuti.
2. Aggiungere il sale, 4 cucchiai di olio d'oliva e circa 200 ml di acqua tiepida al preimpasto e utilizzare il gancio per impastare di una frusta a mano per formare un impasto liscio. Coprite con un canovaccio umido e lasciate lievitare a temperatura ambiente per circa 1 ora.
3. Nel frattempo lavate e mondate i cipollotti e tagliateli a rondelle fini.
4. Lavorate ancora bene l'impasto su un piano di lavoro infarinato con gli involtini di cipollotto e circa 2 cucchiai di olio d'oliva. Quindi dividere in 8 pezzi. Con il mattarello stendete delle piccole focacce e spennellate con il resto dell'olio. Grigliare sulla griglia calda su entrambi i lati per ca. 10-15 minuti girando.

43. Pane gratinato

ingredienti
- 3 pz. Pomodori cocktail
- 8 pz. Capperi (dal vasetto)
- 70 g di mozzarelle
- 1 pc. Pane pita
- 80 g di peperoni paprika brunch
- 4 fetta/e di prosciutto di Parma
- Pepe (macinato fresco)

preparazione
1. Lavare i pomodori. Tagliate a rondelle i pomodori, i capperi e la mozzarella.
2. Spalmare il brunch sul pane. Coprire uno dopo l'altro con pomodori, capperi e mozzarella. Gratinare per ca. 5 minuti sotto il grill caldo del forno. Coprire con il prosciutto e cospargere di pepe.

44. Pane con salmone affumicato

ingredienti

Per la diffusione

- 100 g di formaggio spalmabile
- 1 ½ cucchiaio di rafano dal barattolo
- 1 pizzico di brodo vegetale in grani
- 1 pizzico di paprika in polvere
- 50 g di panna montata
- sale
- Pepe
- 4 fette di pane integrale
- 4 fette più grandi di salmone affumicato
- 1 peperoncino rosso
- 2 cucchiai di semi di girasole

- 1 cucchiaio di prezzemolo tritato

Fasi di preparazione
1. Mescolare la crema di formaggio con il rafano, il brodo e la paprika fino ad ottenere un composto omogeneo. Incorporare la panna e condire con sale e pepe.
2. Spalmare la crema sul pane e guarnire con il salmone. Lavate i peperoncini, privateli dei semi, tagliateli ad anelli e mescolateli ai semi di girasole e al prezzemolo. Guarnite con esso il pane e servite subito.

45. Panino al maialino da latte

Ingredienti per
- maialino da latte (precotto),
- pane,
- valeriana,
- cipolle,
- cetrioli,
- pomodori,
- Salsa barbecue

Preparazione
1. Il maialino da latte congelato viene scongelato lentamente in frigorifero il giorno prima della cottura alla griglia. La valeriana, il cetriolo ei pomodori vengono lavati e preparati per la copertura del panino. La cipolla viene tagliata ad anelli.

Grigliare

1. La griglia (o il forno) viene prima riscaldata a 120 ° C a calore indiretto. La carne viene adagiata su un piatto ignifugo riempito d'acqua con un inserto in modo che il grasso goccioli nell'acqua. La carne viene fritta in questo modo per circa 60 minuti. Per dare alla crosta la finitura perfetta, la temperatura viene aumentata a ca. 200°C dopo 60 minuti. Ora è importante ottenere abbastanza calore superiore per la crosta. Se necessario, puoi anche mettere la carne con la crosta rivolta verso il basso direttamente sul fuoco. Dopo circa 15 minuti la crostata dovrebbe essere pronta. Ma qui per favore agisci secondo i tuoi sentimenti in modo che la crosta non bruci - sarebbe un peccato! Le fette di pane vengono tostate brevemente su entrambi i lati a fuoco diretto.

MAIALE ALLA GRIGLIA

46. Filetto di maiale alla griglia

ingredienti

- 1 filetto di maiale (ca. 500 g)
- 2 rametti di rosmarino
- 2 rametti di timo
- 1 cucchiaino di pepe (schiacciato)
- Sale marino (grosso)

preparazione

1. Per il filetto di maiale alla griglia, prima condire il filetto di maiale con sale e pepe,

aggiungere il rosmarino e il timo e legare la carne 5-6 volte con uno spago.
2. Grigliare su tutti i lati per circa 1-2 minuti, sulla zona indiretta lasciare in infusione per circa 10 minuti. Affettate il filetto di maiale alla griglia e servite.

47. Collo di maiale alla griglia

ingredienti

- Carne di maiale intero (o altro maiale succoso)
- 3 spicchi d'aglio
- 1 pz (3 cm) zenzero
- Pepe appena macinato
- coriandolo
- 1 cucchiaio di zucchero di canna
- 2 cucchiai di salsa di ostriche
- 2 cucchiai di salsa di soia leggera

Per la salsa di contorno:

- 2 cipollotti
- 1 peperoncino rosso
- 1 cucchiaio di salsa di pesce
- 1 cucchiaio di salsa di soia leggera
- Succo di lime

preparazione

1. Per la marinata, tritare finemente l'aglio e lo zenzero. Mescolare lo zucchero con le due salse di soia e scioglievi dentro. Aggiungere l'aglio e lo zenzero e mescolare bene con le spezie. Irrorare la carne con la marinata e lasciarla in infusione per almeno 1 ora. Girate ripetutamente la carne e conditela con la marinata.
2. Nel frattempo, per la salsa, tagliare a metà il peperoncino, togliere il torsolo e tagliarlo ad anelli fini. Tritate finemente anche i cipollotti. Mescolare entrambi con salsa di pesce e salsa di soia. Condire a piacere con un po' di succo di lime. A questo punto mettete la carne marinata su una gratella e grigliatela su carbone rovente o su una griglia per mantenerla succosa all'interno. Togliere dalla griglia, scolpire e servire con la salsa preparata.

48. Costolette in marinata di birra

ingredienti

- 2500 g di costine di maiale

Per la marinata:

- 5 spicchi d'aglio (tritato finemente)
- 1 cipolla (tritata finemente)
- 250 ml di birra nera
- 1 cucchiaio di aceto
- 3 cucchiai di olio vegetale
- 2 cucchiai di sciroppo d'acero
- 125 ml di salsa Worcestershire

- 2 cucchiai di harissa
- sale
- Pepe (macinato fresco)

preparazione

3. Mettere tutti gli ingredienti per la marinata in una casseruola e portare a bollore. Quindi lasciate raffreddare.
4. Immergere le costine nella marinata in frigorifero per una notte.
5. Tirare fuori dal frigorifero circa mezz'ora prima dell'uso il giorno successivo.
6. Scolate le costine e grigliatele su tutti i lati per circa 10-15 minuti.

49. Costine di maiale con salsa al miele e peperoncino

ingredienti
- 1000 g di costine (maiale)
- 50 g di ketchup
- 50 ml di succo di mela
- 30 g di miele
- 3-4 spicchi d'aglio (sbucciati)
- 2 peperoncini
- 1 foglia di alloro
- 1 cucchiaino di pepe (schiacciato)
- 1 cucchiaino di paprika in polvere (affumicata)
- 1 cucchiaino di salsa di soia

preparazione

1. Per le costine con marinata al miele e peperoncino, portare prima a bollore tutti gli ingredienti per la marinata, quindi lasciar raffreddare. Spalmare la carne su tutta la superficie e lasciarla riposare per una notte, preferibilmente coperta.
2. Rosolare le costine su entrambi i lati sulla griglia a fuoco diretto. Terminare quindi la cottura sulla zona indiretta per circa 15-20 minuti. Spennellare di tanto in tanto le costine con miele e salsa di peperoncino e girarle.

50. Costolette in marinata alla birra

ingredienti

- 2500 g di costine di maiale
- Per la marinata:
- 5 spicchi d'aglio (tritato finemente)
- 1 cipolla (tritata finemente)
- 250 ml di birra nera
- 1 cucchiaio di aceto
- 3 cucchiai di olio vegetale
- 2 cucchiai di sciroppo d'acero
- 125 ml di salsa Worcestershire
- 2 cucchiai di harissa
- sale
- Pepe (macinato fresco)

preparazione

1. Mettere tutti gli ingredienti per la marinata in una casseruola e portare a bollore. Quindi lasciate raffreddare.
2. Immergere le costine nella marinata in frigorifero per una notte.
3. Il giorno dopo tirate fuori dal frigorifero circa mezz'ora prima dell'uso.
4. Scolate le costine e grigliatele su tutti i lati per circa 10-15 minuti.

51. Cevapcici

ingredienti

- 1 kg di carne macinata (mista: circa 100 g di agnello, 200 g di manzo, 700 g di maiale)
- 1 cucchiaino di zucchero
- 1 cucchiaino di soda
- 1/2 cucchiaino di pepe
- 1 cucchiaino di sale
- 2 cucchiai di olio
- Cipolle (a piacere)

preparazione

1. Per i cevapcici, mettere tutti gli ingredienti tranne le cipolle in una ciotola, impastare bene e lasciar riposare per circa 15 minuti.
2. Quindi formare i cevapcici e adagiarli su una teglia. (Dato che la carne macinata è

abbastanza unta, la teglia non ha più bisogno di essere unta.) Coprire la teglia con un foglio di alluminio e friggere per circa 20 minuti a fuoco medio.
3. Nel frattempo tagliate le cipolle a piccoli pezzi. Servite poi le cipolle crude con i cevapcici.

52. Costine di maiale con burro di arachidi

ingredienti
- 1 kg di costine di maiale
- Marinata:
- 1 1/2 cucchiaio di burro di arachidi
- 2 cucchiai di pomodori (preferibilmente a pezzi dalla lattina)
- 2 cucchiai di sciroppo d'acero
- 2 cucchiai Tabasco (rosso)
- sale

preparazione
1. Per le costine al burro di arachidi, per prima cosa preparate la marinata. Quindi, mescola tutti gli ingredienti per questo.

2. Separare le costine dalla pelle argentata, tagliarle in porzioni più piccole e massaggiare bene la marinata nella carne.
3. Lasciare in infusione per un'ora, preferibilmente durante la notte.
4. Grigliare le costine a ca. 140°C per almeno 1,5 ore.

53. Costine di maiale alla caraibica

ingredienti
- 2 costine di maiale
- 50 ml di olio di arachidi
- 100 ml di latte di cocco
- 3 cucchiai di succo d'ananas
- 1/2 cucchiaino di zenzero
- 1/2 cucchiaio di pasta di curry (verde)
- 1/2 bastoncino/i di citronella
- sale
- Pepe
- Miele (per glassare)
- 1 manciata di basilico

preparazione
1. Per le costine di maiale ai Caraibi, sciacquare la carne e asciugarla.

2. Mescolare una marinata di olio di arachidi, latte di cocco, citronella, succo d'ananas, pasta di curry verde, basilico e zenzero.
3. Metti le costine nella marinata e lasciale in infusione per qualche ora, preferibilmente tutta la notte.
4. Quindi rimuovere troppa marinata dalle costine. Sale e pepe.
5. Le costine di maiale alla caraibica si mettono sulla griglia e si fanno cuocere circa 5-7 minuti. Girati sempre.

54. Pane gratinato

ingredienti

- 3 pz. Pomodori cocktail
- 8 pz. Capperi (dal vasetto)
- 70 g di mozzarelle
- 1 pc. Pane pita
- 80 g di peperoni paprika brunch
- 4 fetta/e di prosciutto di Parma
- Pepe (macinato fresco)

preparazione

3. Lavare i pomodori. Tagliate a rondelle i pomodori, i capperi e la mozzarella.
4. Spalmare il brunch sul pane. Coprire uno dopo l'altro con pomodori, capperi e mozzarella. Gratinare per ca. 5 minuti sotto il grill caldo del forno. Coprire con il prosciutto e cospargere di pepe.

55. Cotolette alla griglia di maiali ruspanti

ingredienti

- 2 braciole di maiale (tagliate spesse 2 cm, da suini allevati all'aperto)
- olio d'oliva
- Pepe (colorato, macinato grossolanamente)
- sale

preparazione

1. Strofinare le costolette con la miscela di pepe macinato grossolanamente, sale e olio d'oliva. Lasciare marinare per circa 1-2 ore.
2. Se marinate la carne più a lungo, mettetela in frigorifero e tiratela fuori per tempo. La carne deve essere sempre a temperatura ambiente per essere grigliata.

3. Preriscaldate bene la griglia e grigliate le braciole per circa 3-4 minuti su entrambi i lati, a seconda del loro spessore. Le cotolette alla griglia devono passare, ma non troppo asciutte.

56. Cotoletta alla griglia

ingredienti
- 2 costolette di maiale
- olio d'oliva
- timo
- issopo
- origano
- Dragoncello
- 2 dita(e) d'aglio
- sale

preparazione
1. Per prima cosa mettete l'olio d'oliva in una zuppiera (il fondo deve essere ben coperto). Aggiungere le erbe aromatiche (essiccate)

finemente strofinate. Mescolare bene il sale e gli spicchi d'aglio schiacciati con l'olio.

2. Immergere la carne lavata e scolata nel composto di olio, farla rosolare un paio di volte e girare. È meglio coprirlo in frigorifero durante la notte. Mettere su una griglia lavabile e grigliare.

57. Involtini di controfiletto di maiale piccanti

ingredienti

Per gli involtini di filetto di maiale:
- 1 kg di polmone di maiale arrosto
- 2 cucchiai di senape
- 200 g di pancetta di maiale
- 1 tazza di crema di formaggio alle erbe
- 1 manciata di stuzzicadenti

Per il mix di spezie:
- 1 cucchiaio di paprika in polvere
- 1 cucchiaio di coriandolo in polvere
- 1 cucchiaio di basilico (essiccato)
- 1 cucchiaio di aglio in polvere
- 1 cucchiaio di cipolla in polvere

- 1 cucchiaio di origano (essiccato)
- 1 cucchiaio di rosmarino (essiccato)
- 1 cucchiaio di sale
- 1 cucchiaino di peperoncino in polvere

preparazione

1. Per gli involtini di arrosto di maiale, tagliare l'arrosto di polmone a fette spesse, quindi sbattere sottilmente con una testa di cotoletta e spennellare con la senape.
2. Coprire con la pancetta di maiale e ricoprire con la crema di formaggio alle erbe, formare un involtino e fissare con uno stuzzicadenti.
3. Mescolare bene le spezie in una ciotola e adagiarvi gli involtini. Mettere sulla griglia calda per circa 5 minuti o friggere in padella.

58. Medaglioni di maiale marinato

ingredienti

- 6 medaglioni di maiale
- 1 cucchiaino da minestra in polvere
- un po' di sale, pepe e aglio in polvere
- 3-4 cucchiai di olio di colza

preparazione

1. Mescolare l'olio di colza con la zuppa in polvere, sale, pepe e aglio in polvere per i medaglioni di maiale marinati.
2. Immergete ora i medaglioni di maiale nella marinata da entrambi i lati e versate il resto sulla carne.
3. Lasciare in ammollo la marinata per almeno 2 ore.

4. Portate la carne a temperatura ambiente e fatela rosolare in padella con un filo d'olio.
5. Abbassate la fiamma e sfumate con cura con un goccio d'acqua. I medaglioni di maiale marinato serviti.

59. Stinco di maiale alla griglia

ingredienti
- 2 stinchi di maiale
- 3 spicchi d'aglio
- 1 pizzico di rosmarino (tritato)
- 0,5 cucchiaini di pepe (grosso)
- 0,5 cucchiaini di paprika in polvere
- 0,5 cucchiaini di sale
- olio
- 6 cucchiai di vino rosso
- 3 cucchiai di panna montata (a piacere)
- birra di malto

preparazione
1. Per lo stinco di maiale alla griglia, tagliare gli spicchi d'aglio a bastoncini e utilizzarli sulla

carne. Mescolare le spezie con l'olio e il vino rosso.
2. Innaffia i trampoli e lasciali riposare per 3 ore con il coperchio chiuso. Mettere nella griglia riscaldata e grigliare per 1 ora.
3. Girare dall'altro lato e spennellare con la marinata o condire con birra al malto. Completare il brodo di carne con la panna montata.

60. Costine di maiale con dry rub

ingredienti
- 3 costine di maiale (ca. 800-900 g ciascuna)
- Strofinare a secco (vedi video ricetta)
- sale
- Pepe

preparazione
1. Rimuovere prima la membrana. Strofinare la carne con il rub e lasciarla in infusione per 30 minuti a temperatura ambiente.
2. Salare e pepare, quindi adagiare il lato dell'osso sull'affumicatore preparato: scaldare 110-130°C, con legno di faggio.

3. Affumicare per 5 ore, non avvicinare troppo la carne al fuoco, cambiare posizione più spesso nel mezzo.
4. Quindi lasciate riposare per 10 minuti.
5. Servire le costine di maiale.

FRUTTI DI MARE E PESCE

61. Rotolo di salmone ripieno alla griglia

ingredienti
- 600 g di filetto di salmone
- Sale marino
- 100 g di prosciutto (essiccato all'aria)
- 150 g di formaggio di pecora
- Pepe (fresco di macina)

preparazione
1. Per il rotolo di salmone ripieno dalla griglia, lasciare che il team di vendita NORDSEE tagli un filetto di salmone fresco, praticamente disossato, in ca. Fette spesse 1

cm e lunghe 15 cm (simili agli involtini di manzo).
2. Mettere 1-2 fette di prosciutto cotto su ogni fetta di salmone e spalmare sopra la crema di formaggio.
3. Arrotolare i filetti di salmone e fissarli con uno stuzzicadenti o legarli con del filo di cotone.
4. Condire l'esterno degli involtini di salmone con un po' di sale marino e una macinata di pepe.
5. Grigliare gli involtini di salmone ripieni su un foglio di alluminio per circa 18 minuti a fuoco non troppo alto. Girare con cautela il rotolo di salmone ripieno dalla griglia alcune volte.

62. Tonno su stecco

ingredienti

- 4 pezzi di tonno (circa 120 g ciascuno)
- 100 g di grammi
- sale
- Pepe (dal mulino)
- 4 cucchiai di olio di sesamo
- 2 cucchiai di semi di sesamo (tostati)
- 50 g di prezzemolo (tritato)
- 100 g di cipollotti (tritati finemente)
- 4 spiedini di legno (annaffiati)

preparazione

1. Per il tonno su stecco, salare prima il tonno, adagiare su uno spiedino di legno innaffiato e spennellare il tutto con olio di sesamo.

2. Tritate i grammi e fateli tostare in padella. Aggiungere i cipollotti e arrostire brevemente. Unire il peperone, i semi di sesamo tostati e il prezzemolo.
3. Pulisci la griglia preriscaldata.
4. Grigliare velocemente il tonno sul bastoncino tutt'intorno da ogni lato, adagiarlo brevemente sulla griglia scaldavivande, cospargere con il composto per calici e lasciarlo in infusione brevemente.
5. Condire il tonno su uno stecco con un filo di olio di sesamo e servire.
6. GRILL METODO: caldo tutto intorno, ma solo brevemente
7. TEMPO GRIGLIA: ca. 2 minuti a ca. 200°C, poi far riposare brevemente

63. sardine alla griglia

ingredienti
- 1 kg di sardine (o acciughe)
- Farina
- Spicchi di limone per guarnire
- Per la marinata:
- 1/2 mazzetto di prezzemolo
- 2 spicchi d'aglio
- 4 cucchiai di olio d'oliva
- Succo di mezzo limone
- sale
- Pepe (macinato fresco)

preparazione

1. Aprite le sarde sul ventre e privatele delle interiora. Sciacquare con acqua fredda e asciugare con cura.
2. Per la marinata, togliere le foglie di prezzemolo dai gambi, sbucciare e tritare finemente gli spicchi d'aglio. Mescolate tutti gli ingredienti in una ciotola capiente. Inserite il pesce e lasciate marinare per circa 1 ora.
3. Togliete le sarde dalla marinata e spolverizzatele leggermente di farina. Grigliare sulla griglia per circa 3 minuti per lato. Le sarde alla griglia con fettine di limone e piatto di pane bianco fresco.

64. Orata alla griglia

ingredienti

- 4 pezzi di mare orata
- 2 pezzi di limone
- 3 cucchiai di timo
- 4 cucchiai di mare sale
- 200 ml di olio d'oliva
- 4 cucchiai di pepe al limone
- Condimento per barbecue

preparazione
1. Mescolare gli ingredienti in una marinata per l'orata alla griglia e marinare l'orata per almeno 30 minuti. Quindi posizionare il pesce

sulla griglia e condire con una spezia barbecue durante la cottura.
2. Grigliare il pesce finché la pelle non diventa croccante. Il piatto di orata alla griglia e servire.

65. Gamberi alla griglia

ingredienti
- 16 gamberi (senza guscio)
- 2 zucchine (medie)
- 4 cucchiai di olio
- 1 cucchiaino di sale
- 1 cucchiaino di limone (succo)

preparazione
1. Mettere le code di granchio con le fette zucchine alternativamente su 4 spiedi di legno oliati. Irrorare con olio e cospargere di sale. Grigliare sotto la griglia riscaldata per 5-8 minuti, irrorare con il succo di un limone.

2. Portare in tavola con vino bianco e pane bianco.
3. 20 minuti
4. Consiglio: le zucchine sono un tipo di zucca e quindi hanno poche calorie, sono ricche di vitamine e sono facili da digerire, proprio quello che ci vuole per una dieta leggera!

66. Scampi alla griglia su verdure wok

ingredienti

Per gli scampi:
- 500 g di scampi (rossi)
- 1 cucchiaio di olio di arachidi
- 2 cucchiai di aglio
- 2 cucchiaini di zenzero (fresco tritato)
- 4 cipollotti
- 100 g di paprica (rossa e verde)

Per la salsa:
- 200 ml di petto di pollo
- 2 cucchiai di vino di riso Shaoxing (o vino bianco)
- 3 cucchiai di salsa di soia
- 2 cucchiai di Paradeismark
- 1 cucchiaio di amido di mais

preparazione

1. Scaldare energicamente il wok e poi aggiungere l'olio di arachidi. Soffriggere l'aglio e lo zenzero. Aggiungere i peperoni tritati e i cipollotti. Tostare nuovamente tutti gli ingredienti. Versare la salsa precedentemente mescolata sulle verdure. Tagliate a metà i gamberi e privateli del budello. Aggiustare di sale e pepe e friggere con la carne rivolta verso l'alto. Infine disponete le verdure e adagiatevi sopra i gamberi fritti.

67. Spiedini di pesce alla griglia

ingredienti

Per gli spiedini
- 1 zucchina
- 200 g di filetto di salmone pronto da cuocere, senza pelle
- 200 g di filetto di lucioperca pronto da cuocere, con la pelle
- 200 g di gamberi pronti da cuocere, sgusciati e puliti
- 2 lime non trattati
- 1 cucchiaino di pepe rosso in grani
- ½ cucchiaino di pepe nero in grani
- sale marino
- 4 cucchiai di olio d'oliva
- per il tuffo

- 500 g
- yogurt naturale
- pepe del mulino
- zucchero

Fasi di preparazione

2. Lavate e mondate le zucchine e tagliatele a fette spesse 1 cm. Lavate il pesce, asciugatelo e tagliatelo a cubetti. Lavare i gamberi. Sciacquare i lime con acqua calda, strofinare la buccia di un lime e spremere il succo. Tagliare a fettine il lime rimasto. Pestate grossolanamente i grani di pepe in un mortaio e mescolateli con un generoso pizzico di sale, l'olio e metà del succo di lime. Adagiare i cubetti di pesce alternandoli alle fette di zucchine e ai gamberi sugli spiedini di kebab e ricoprire con la marinata di lime. Lasciare in infusione per 30 minuti.

3. Per la salsa, mescolare lo yogurt con il resto del succo di lime, mescolare con sale, pepe e un pizzico di zucchero, riempire in ciotole e guarnire con la scorza di lime. Adagiate gli spiedini insieme alle fettine di lime su una griglia calda e grigliate per 8-10 minuti, rigirandoli di tanto in tanto. Servire con la salsa.

4.

68. Spiedino di pesce con salsa tarator

ingredienti
- 700 g di filetto di pesce sodo (spada o tonno)
- 1 limone (succo)
- olio d'oliva
- Paprika in polvere (dolce nobile)
- Sale marino (dal mulino)
- Pepe (dal mulino)
- foglie di alloro (fresche)

Per la salsa:
- 100 g di noci (sgusciate)
- 3 spicchi d'aglio
- 2 fetta/e di pane bianco (senza crosta)

- 150 ml di olio d'oliva
- 1 limone (succo)
- Sale marino (dal mulino)
- Pepe (dal mulino)

preparazione

1. Tagliare il filetto di pesce a ca. cubetti spessi 2 cm e marinare con succo di limone, olio d'oliva, paprika in polvere, sale marino e pepe per ca. 1 ora. Quindi infilare i pezzi di pesce alternativamente con una foglia di alloro su uno spiedino di metallo grande o più piccoli. Grigliare se possibile sulla brace, altrimenti friggere in una padella di teflon. Mescolare tutti gli ingredienti in un mixer per ottenere una salsa omogenea per la salsa. Disporre gli spiedini fritti, servire la salsa a parte.

69. Salmone alpino alla griglia

ingredienti
- salmone alpino
- olio d'oliva
- Spezie (a vostra scelta)
- Erbe (a vostra scelta)

preparazione
1. Per il salmone alpino, lavare bene il pesce già pronto e asciugarlo.
2. Spennellare il pesce con olio d'oliva e strofinare l'interno e l'esterno con le spezie che preferisci. Metti le erbe a tua scelta nella pancia del pesce.

3. Mettere il pesce sulla griglia e grigliare per circa 7 minuti.

70. Feta mediterranea al cartoccio

ingredienti
- 1 spicchio(i) d'aglio
- 2 cucchiai di crema vegetale Rama Culinesse
- 1 pz scalogno
- 1 cucchiaio di pinoli
- 6 rametti di timo (in alternativa 1 cucchiaino di timo secco)
- 5 pz. Olive (senza nocciolo)
- 1 cucchiaino di capperi
- 4 pezzi di filetti di acciughe
- 20 g di pomodori (essiccati al sole)

- 6 pomodorini
- 2 pezzi di feta (150 g ciascuno)

preparazione
1. Mondate e tritate finemente lo scalogno e l'aglio. Tostare i pinoli in una padella senza grassi, a fuoco medio fino a doratura. Tritare grossolanamente il timo, le olive, i capperi, le acciughe, i pinoli ei pomodori secchi e mescolarli con lo scalogno, l'aglio e la crema di verdure.
2. Lavate e affettate i pomodorini. Stendete due fogli di alluminio e adagiate su ciascuno una feta, adagiate sopra le fette di pomodoro e la crema di verdure rama. Ripiegate il foglio di alluminio a rondelle e mettete sulla griglia per circa 15 minuti.

RICETTE DI MANZO

71. Bistecca porterhouse a base di fumo di whisky

ingredienti
- bistecca alla porterhouse
- sale
- pepe di whisky

Preparazione
1. Tirare fuori la bistecca dal frigorifero ca. 1 ora prima di grigliare in modo che raggiunga la temperatura ambiente. La crosta grassa viene graffiata con un coltello affilato. 30 minuti prima di grigliare, la bistecca viene salata generosamente su entrambi i lati.

Grigliare

1. La griglia è impostata su una temperatura di 120 ° C. La bistecca viene grigliata indirettamente a una temperatura interna di 50 ° C nella prima fase. Quindi, viene affumicato discretamente con pezzi di whisky.
2. Il secondo passo è dare una crosta alla bistecca. Per fare ciò, la griglia viene riscaldata a una temperatura elevata (> 250 ° C). La bistecca viene grigliata direttamente su entrambi i lati per circa 3 minuti. La bistecca può ovviamente essere anche grigliata sulla zona sfrigolata, su una piastra in ghisa o in padella.
3. La bistecca dovrebbe ora avere una temperatura interna di ca. 54 ° C (mediamente raro). Lascia la bistecca sulla griglia più a lungo nella prima fase se vuoi che ne passi di più. Successivamente, la bistecca porterhouse viene liberata dall'osso e tagliata a fette, condita con un po' di sale e il pepe di whisky - fatto!

72. Cevapcici in piadina

ingredienti

- 1 kg di carne macinata (mista manzo/agnello o manzo/maiale)
- 1 cipolla grande
- 3 spicchi d'aglio q.b
- poco prezzemolo fresco
- 1 cucchiaio di olio d'oliva
- 1 cucchiaio di sale
- 3 cucchiaini di paprika in polvere
- 3 cucchiaini di pepe, macinato finemente
- focaccia
- insalata
- ajvar
- peperoncino

Preparazione

1. La cipolla viene grattugiata finemente (non tritata), gli spicchi d'aglio vengono pressati, il prezzemolo tritato finemente. La carne macinata si mescola bene con cipolla, aglio, prezzemolo e gli altri ingredienti per distribuire uniformemente le spezie.
2. A questo punto si formano dei cevapcici spessi un pollice, lunghi circa 7 cm. Qui è adatto l'uso del Cevapomaker, con il quale puoi formare sette Cevapcici in un corso.

Grigliare
1. La griglia è preparata per grigliare direttamente a fuoco medio. I cevapcici vengono adagiati sulla griglia calda, girati 3 - 4 minuti e grigliati dall'altro lato. Togliamo quindi i cevapcici dalla griglia e prepariamo le piadine. La focaccia viene condita con insalata e sopra 6 - 7 cevapcici. Spalmarvi sopra 2 - 3 cucchiai di vasetto e adagiarvi sopra due peperoni.

73. Steakburger deluxe

ingredienti
- 1 bistecca porterhouse (circa 1 kg)
- Sale marino, grosso
- Panino per hamburger
- 4 cucchiai di maionese
- rosmarino fresco
- Ravanelli sott'aceto

Per le cipolle al balsamico:
- 2 cipolle
- 2 cucchiai di olio
- 5 cucchiai di aceto balsamico
- 1 cucchiaio di zucchero di canna
- 1 cucchiaino di paprika in polvere
- sale pepe

Preparazione

1. La bistecca viene cosparsa di sale su entrambi i lati 30 minuti prima di grigliare. Mescolate una maionese al rosmarino con la maionese, il rosmarino fresco (1 cucchiaino tritato) e un pizzico di pepe.

Grigliare

2. La griglia è predisposta per grigliate dirette e indirette. La bistecca viene prima grigliata su entrambi i lati per 3 minuti ciascuno a fuoco alto e diretto. Non appena abbiamo dato alla carne una bella crosticina, questa si sposta sul lato indiretto, dove la tiriamo al grado di cottura desiderato.

3. Nel frattempo si preparano le cipolle al balsamico. Si scalda l'olio in una padella, poi si aggiungono le cipolle. Le cipolle vengono condite con pepe, sale, paprika in polvere e zucchero. Non appena le cipolle saranno diventate traslucide, versare l'aceto balsamico nella padella e continuare a friggerle a fuoco lento finché le cipolle non avranno assorbito l'aceto balsamico.

4. Una volta che la carne ha raggiunto la sua temperatura target, è stata di 55 ° C al centro - viene tagliata a fette e delicatamente pepata e salata. Infine la metà inferiore del panino viene rivestita con la maionese al rosmarino, la carne, le cipolle balsamiche e le fette dii ravanelli sono posizionati sopra - fatto!

74. Hamburger di manzo sfilacciato

ingredienti

- manzo tirato
- panini per hamburger
- Marmellata Di Prugne Al Bacon
- Salsa BBQ, qui: Salsa BBQ King BBQ (a base di prugne)
- prugne

Preparazione

1. Per prima cosa spalmare 2 - 3 cucchiai di marmellata sulla metà inferiore del panino. Adagiare sopra una buona porzione (ca. 100 - 120 g) di manzo sfilacciato. La guarnizione dell'hamburger consiste in un po' di salsa BBQ e 2-3 affettati sottilmentefette di prugne.

75. Manzo sfilacciato dall'affumicatore

ingredienti
- 2 kg di collo di manzo (almeno 2 kg - i pezzi più piccoli possono asciugarsi!)

Preparazione
1. Il collo di manzo viene condito su tutti i lati con il rub e messo sottovuoto per 12-24 ore oppure avvolto in pellicola e riposto in frigorifero.

Grigliare
2. Il grill / affumicatore è impostato su una temperatura di 100 - 120 ° C ("bassa e lenta"). Il collo viene posizionato nella zona indiretta, collegato al termometro e poi affumicato discretamente con il coperchio chiuso. Il manzo sfilacciato è pronto a una

temperatura interna di 87 - 90 ° C, a seconda di quanto è tenero.

76. Bistecca di fianco nella marinata teriyaki

ingredienti
- 1 costata di manzo (ca. 700 g)
- marinatura teriyaki
- 2 cucchiai di semi di sesamo a
- poco olio d'oliva
- sale pepe

Preparazione
1. Per prima cosa, gli ingredienti per la marinata vengono mescolati. Quindi metti la carne in una forma adatta e aggiungi la marinata. La bistecca viene marinata in frigorifero per circa due ore, girando dopo un'ora. Non buttare via la marinata dopo

aver rimosso la bistecca, ne avrai comunque bisogno durante la grigliatura. I semi di sesamo vengono tostati brevemente in una padella spennellata finemente con olio d'oliva.

Grigliare

2. La griglia è impostata su 250 - 300 ° C per grigliare direttamente. La bistecca viene grigliata direttamente su entrambi i lati per 2 minuti ciascuno. Prima di cuocere la bistecca nella zona indiretta a ca. 100 - 120 ° C, viene nuovamente immerso nella marinata. La carne viene tolta dalla griglia ad una temperatura al cuore di 56°C e lasciata riposare un po' prima di essere tagliata a fette trasversali. Infine, la bistecca viene cosparsa con i semi di sesamo tostati, conditi con sale e pepe se necessario.

77. Bistecca Porterhouse dalla plancia di

whisky

ingredienti
- 1 bistecca porterhouse (ca. 900 g)
- Mare sale, grosso

Preparazione
1. Tirare fuori la bistecca dal frigorifero ca. 1 ora prima di grigliare in modo che raggiunga la temperatura ambiente. La crosta grassa è graffiata. 30 minuti prima di grigliare, la bistecca viene salata generosamente su entrambi i lati.

Grigliare
2. La griglia è predisposta per la cottura indiretta a ca. 110 - 120 ° C. Le assi di whisky vengono poste sulla zona indiretta e "riscaldate" per circa 10 minuti. Non appena

le assi iniziano a fumare ed emettono un profumo, adagiare la bistecca sulle assi (nota: posizionare la bistecca all'interno dell'asse, poiché questo lato era a contatto con il whisky). Quando la temperatura al cuore sarà di circa 40°C, girate la bistecca in modo che anche l'altro lato prenda il sapore dell'asse. A 52°C si prende la bistecca dall'asse e la si griglia per 2 minuti su entrambi i lati ad una temperatura > 250°C per una bella crosticina. La bistecca viene tagliata a fette e leggermente salata.

78. Filetto di manzo con pane all'aglio

ingredienti

- 500 g di controfiletto (qui: da Scotch Beef & Scotch Lamb)
- chimichurri
- ½ baguette
- olio d'oliva, aglio, sale e pepe
- un po' di insalata fresca

Preparazione

1. Togliete la bistecca dal frigorifero circa un'ora prima di cuocerla alla griglia in modo che possa raggiungere la temperatura ambiente. La copertura di grasso viene tagliata e la carne viene strofinata con sale marino grosso su entrambi i lati.

Grigliare

2. La griglia è predisposta per la cottura diretta alla griglia a fuoco vivo e la bistecca viene grigliata con il noto metodo 90/90/90/90. A tale scopo è stata utilizzata la zona sfrigolio della LE3 e la carne è stata poi tirata nella griglia a poco meno di 150 °C fino a una temperatura interna di ca. 54°C. Nel frattempo, l'olio d'oliva viene mescolato con un po' di sale, pepe e due spicchi d'aglio schiacciati e spalmato sulla baguette tagliata. Il pane viene brevemente grigliato nella griglia e poi distribuito sull'insalata. Infine, aggiungi un po 'di chimichurri. La bistecca era molto succosa e aveva un buon sapore. Sale e pepe assecondano perfettamente il gusto sensazionale della carne.

79. T-Bone alla griglia inversa

ingredienti

- 1 Bistecca alla fiorentina (circa 1 kg, almeno 4 cm di spessore)
- sale

Preparazione

1. Tirare fuori la bistecca dal frigorifero ca. 1 ora prima di grigliare in modo che raggiunga la temperatura ambiente. La crosta grassa è graffiata. 30 minuti prima di grigliare, la bistecca viene salata generosamente su entrambi i lati.

Grigliare

2. La griglia o l'affumicatore viene regolato ad una temperatura di 100°C. Nella prima fase la fiorentina viene grigliata indirettamente

fino ad una temperatura interna di 50°C. La bistecca viene affumicata discretamente con legno di noce americano o altro legno di la tua scelta.

3. Il secondo passo è dare una crosta alla bistecca. Per fare ciò, riscaldare la griglia con la griglia in ghisa (per la marchiatura) ad una temperatura elevata (> 250 ° C). La bistecca viene grigliata direttamente su entrambi i lati per circa 3 minuti. La bistecca può ovviamente essere anche grigliata sulla zona sfrigolata, su una piastra in ghisa o in padella.

4. La bistecca dovrebbe ora avere una temperatura interna di ca. 54 ° C (mediamente raro). Lascia la bistecca sulla griglia più a lungo nella prima fase se vuoi che ne passi di più. Quindi, la portineria viene liberata dall'osso e tagliata a fette, condite con sale e pepe - il gioco è fatto!

80. Costolette di manzo dal fumo di noce americano

ingredienti
- Costolette di manzo
- Costolette di Manzo Rub
- Salsa barbecue

Preparazione
1. Per prima cosa viene rimossa la pelle argentata dalle costolette di manzo. Per fare questo, fai passare un coltello sotto una delle ossa e sollevi la pelle d'argento. Quindi può essere detratto, probabilmente più difficile che con le costine di maiale. Quindi le costolette di manzo vengono strofinate con lo sfregamento su entrambi i lati. Il rub

va usato con parsimonia perché il sapore del manzo dovrebbe predominare naturalmente. Avvolte nella pellicola, le costine dovrebbero ora riposare in frigorifero per circa 12-24 ore.

Grigliare
2. La griglia/affumicatore è impostata su un calore indiretto di 100 - 120 ° C. Le costine sono disposte sulla griglia con l'osso rivolto verso il basso. Le prime quattro ore sono affumicate con legno di hickory. Quindi le costine vengono avvolte in un foglio di alluminio e generosamente spennellate con salsa barbecue. La temperatura viene aumentata a 140°C. Quindi vengono grigliati indirettamente per altre due ore. Le costine di manzo sono pronte dopo un totale di sei ore. Il resto della salsa viene spalmato sulla superficie.

SALSE BARBECUE

81. Salsa di pomodoro piccante

ingredienti

- 550 g di pomodori freschi
- 2 cipolle
- 3 spicchi d'aglio
- 3 peperoncini
- 100 g basilico fresco
- 2 cucchiai di olio d'oliva
- 2 cucchiai di concentrato di pomodoro
- 100 ml di aceto di vino bianco
- 4 cucchiai di zucchero
- 4 cucchiai di aceto balsamico
- Sale al pepe

preparazione
1. Lavare i pomodori. Sbucciare e tagliare a metà le cipolle. Sbucciare l'aglio. Lavate i peperoncini e privateli dei semi. Lavare e tritare il basilico.
2. Preriscaldare la griglia a 200 ° C. Mettere i pomodori (interi), i peperoncini, le cipolle e l'aglio in una teglia. Con il coperchio chiuso, arrostire in grill a fuoco indiretto a 200°C per circa 30 minuti.
3. Scaldare l'olio d'oliva in una casseruola, arrostire il concentrato di pomodoro e sfumare con l'aceto di vino bianco. Togliere i pomodori, il peperoncino, le cipolle e l'aglio dalla griglia e aggiungerli alla casseruola. Frullate con il basilico fresco fino ad ottenere una massa omogenea (aggiungete un po' d'acqua se non c'è abbastanza liquido). Fate sobbollire la salsa di pomodoro piccante per 10 minuti e fate ridurre.
4. Aggiungere lo zucchero alla salsa di pomodoro pezzo per pezzo. Inoltre, condire con pepe e sale e un cucchiaio con aceto balsamico.
5. Fate raffreddare la salsa di pomodoro piccante e poi riempitela nelle bottiglie.

82. La ricetta del burro Café de Paris

ingredienti
- 125 g di burro morbido
- 1 cucchiaino di pasta di acciughe
- 1 cucchiaino di aneto
- 1 cucchiaino di timo
- 1 cucchiaino di dragoncello
- 1 cucchiaino di maggiorana
- 1 cucchiaino di prezzemolo a foglia piatta
- 1 cucchiaino di senape di Digione
- 2cl cognac
- 1 spicchio d'aglio
- 1 cucchiaino di paprika in polvere dolce
- sale

- Pepe

Passo dopo passo
1. Dovresti prima tirare fuori il burro dal frigorifero se non hai già il burro ammorbidito a portata di mano. Il burro dovrebbe ammorbidirsi per un po' a temperatura ambiente.
2. Ora tritate molto finemente tutte le erbe fresche.
3. Mescolare bene il burro con le erbe aromatiche in una ciotola e impastare.
4. Aggiungere la pasta d'acciughe, il cognac, lo spicchio d'aglio tritato finemente e la paprika in polvere. Impastare ancora bene.
5. Il burro Café de Paris viene condito con sale e pepe nell'ultimo passaggio.

83. Chutney di pomodoro ricetta

ingredienti
- 1 cipolla rossa
- 1 peperoncino verde
- 5 pomodori maturi
- 220 ml di acqua
- 1 cucchiaio di olio di semi di girasole
- 1 cucchiaino di zucchero
- 1 cucchiaino di fiocchi di peperoncino
- Sale (a piacere)
- 1/2 cucchiaino di curcuma
- 1 foglia di alloro essiccata
- 1/2 cucchiaino di curry Madras

Preparazione

1. Per prima cosa sbucciate la cipolla e tritatela finemente insieme al peperoncino. Se non ti piace così piccante, togli i chicchi del peperoncino
2. Togliete il picciolo ai pomodori e grattate leggermente la pelle a croce. Quindi mettete i pomodori in una ciotola, aggiungete acqua bollente e lasciate in infusione i pomodori per 2-3 minuti. Quindi puoi staccare la pelle dei pomodori meravigliosamente e facilmente.
3. Quindi utilizzare una grattugia per verdure per trasformare i pomodori pelati in una purea di frutta fine.
4. Ora mettete un po' d'olio in una padella e friggete i pezzi di cipolla fino a renderli traslucidi. Quindi aggiungere i peperoncini e friggere per altri 1-2 minuti. Aggiungere i fiocchi di peperoncino, la curcuma, una foglia di alloro schiacciata e il curry di Madras e abbassare la fiamma.
5. Non appena le spezie sono arrostite, aggiungere la passata di pomodoro, ca. 220 ml di acqua e lo zucchero. Lasciate cuocere il tutto per circa 15-20 minuti e mescolate

ancora finché l'acqua non sarà evaporata e il chutney avrà una bella consistenza.
6. Infine aggiustate di sale e versate il chutney di pomodoro nei barattoli di vetro.

84. Salsa di senape Carolina

ingredienti
- 300 g di senape medio piccante
- 110 g di miele
- 80 g di aceto di mele
- 8 cucchiai di ketchup
- 30 g di zucchero di canna confezionato
- 50 g di salsa Worcester
- 4 cucchiaini di Tabasco Chipotle

Preparazione
1. Per prima cosa, mescola lo zucchero di canna confezionato con l'aceto di mele e la salsa Worcester per sciogliere lo zucchero. Altrimenti, ci saranno grumi.
2. Poi arriva il miele, mescola bene in modo che si sciolga.
3. Aggiungete ora la senape, il ketchup e il chipotle Tabasco. Senti lentamente Tabasco se sei un po' sensibile alla nitidezza. Mescolate bene il tutto fino ad ottenere una bella salsa e lasciate macerare in frigo per 2 ore.

85. Yogurt limone e menta

ingredienti
- 500 ml di yogurt turco
- 1/2 cucchiaino di scorza di limone non trattato
- 1 - 2 cucchiai di succo di limone
- 4 - 5 gambi di prezzemolo in foglia
- 3 gambi di menta fresca
- 2 cucchiaini di aceto di vino bianco
- sale
- Pepe

preparazione
1. Lo yogurt limone e menta è molto veloce da preparare. Per prima cosa, metti lo yogurt turco in una ciotola. Aggiungere 1/2

cucchiaino di scorza di un limone non trattato e 1-2 cucchiai del suo succo.
2. Quindi togliere le foglie ei gambi fini della menta e del prezzemolo e tritarli molto finemente con l'aiuto del coltello. Quindi aggiungere le erbe allo yogurt.
3. Infine aggiungete un po' di aceto di vino bianco e condite il tutto con sale e pepe a piacere. Poi mettete in frigo e lasciate in infusione per circa 45 minuti.

86. Ricetta Chutney di rabarbaro

ingredienti

- 300 g di bastoncini di rabarbaro
- 1/2 peperoncino
- 1 cipolla rossa
- 1 peperoncino rosso piccolo
- 1 mela (non troppo acida)
- 330 g di zucchero da conserve
- 30 ml di vino rosso (secco)
- 1/2 cucchiaino di zenzero grattugiato
- 1 cucchiaino di scorza di un lime non trattato
- 60 ml di aceto balsamico fondente
- 1 cucchiaino di semi di senape grossolani
- 1 cucchiaino di sale
- 1/2 cucchiaino di pepe di Caienna

Preparazione

1. La preparazione del chutney è molto semplice e veloce. Per prima cosa lavate, mondate e tagliate a cubetti fini il rabarbaro. Mondate e tritate finemente anche la cipolla rossa.
2. Eliminate il torsolo della paprika e il torsolo del peperoncino, sbucciate e private del torsolo la mela. Quindi tagliatelo a pezzi fini.
3. Ora mettete tutto insieme in una casseruola e aggiungete tutti gli altri ingredienti tranne lo zucchero di canna. Riposa completamente per 60 minuti e si tira bene.
4. Trascorso il tempo di marinatura, si mette una casseruola sulla griglia e si versa il chutney. L'infuso deve ora bollire lentamente e cuocere a fuoco lento per 30 minuti buoni fino a quando il rabarbaro e tutto il resto sono belli morbidi e disintegrati. Poco prima della fine del tempo di cottura si aggiunge lo zucchero di canna.
5. Non appena il tutto sarà ben cotto, il chutney ancora caldo viene subito sigillato nel vasetto. Quindi lasciate raffreddare i vasetti e metteteli in frigo.

87. Ricetta salsa olandese

ingredienti
- 200 g di burro
- 4 tuorli d'uovo
- 2 cucchiai di aceto di vino bianco
- 1 cucchiaino di succo di limone
- Pepe bianco
- sale

preparazione
1. Sciogliere il burro in una casseruola a fuoco moderato, facendo attenzione a non farlo rosolare. Togliete la casseruola dal fuoco e lasciate raffreddare il burro fuso fino a renderlo tiepido. Eliminare la schiuma se necessario.

2. Sbattere i tuorli e 1 cucchiaio di acqua in una ciotola, preferibilmente con una frusta o un frullatore a immersione. Aggiungere l'aceto di vino bianco mescolando. Quindi montare a bagnomaria caldo (circa 70 gradi Celsius) per formare una crema densa. Togliere dal bagnomaria e continuare a sbattere per un minuto.
3. Aggiungere il burro liquido goccia a goccia, poi a filo alla panna mescolando continuamente. Condire con sale, pepe e succo di limone.

88. Ricetta Guacamole

ingredienti

- 3 avocado
- 1 lime
- 1 pomodoro aromatico grande
- 1 cipolla rossa piccola
- Erba di coriandolo
- 1 peperoncino / jalapeño
- sale
- Opzionale: 1 spicchio d'aglio

Passo dopo passo

1. Lavare o sbucciare i pomodori, le cipolle, il peperoncino/jalapeño e, se necessario, l'aglio, tritarli finemente e metterli in una ciotola

2. Dimezza gli avocado e rimuovi il nocciolo, questo funziona meglio se colpisci leggermente il lato affilato di un coltello da cucina sul nucleo, il coltello deve rimanere bloccato. Quindi ruotare leggermente il coltello in senso orario per allentare il nucleo ed estrarlo. Togliete la polpa con un cucchiaio e mettetela in una seconda ciotola
3. Spremi il lime e versa il succo sugli avocado
4. Frulla gli avocado con un frullatore a immersione o una forchetta
5. Tritare grossolanamente il coriandolo e unirlo al composto di avocado
6. Mescolare tutti gli altri ingredienti tritati finemente
7. Condite bene con il sale

89. Ricetta del pesto di basilico

ingredienti
- 50 g foglie di basilico (fresco)
- Cubetti di ghiaccio
- 2 - 3 spicchi d'aglio
- 60 g di parmigiano in un pezzo
- 40 g di pinoli
- ½ cucchiaino di sale marino grosso
- 120 ml di olio extra vergine di oliva

Passo dopo passo
1. Metti i coltelli del robot da cucina in frigorifero per 10 minuti.
2. Staccate le foglie di basilico dai gambi e lavatele con acqua fredda. Quindi mettere in una ciotola con cubetti di ghiaccio.

3. Sbucciare gli spicchi d'aglio e tagliarli a pezzi.
4. Grattugiare il parmigiano.
5. Mettere il coltello nel robot da cucina, versare le foglie di basilico ben fredde, l'aglio, il parmigiano grattugiato ei pinoli.
6. Tritare gli ingredienti in pochi colpi.
7. Aggiungere il sale marino e mescolare per circa 1 minuto.
8. Aggiungere l'olio d'oliva e mescolare fino ad ottenere un pesto di basilico omogeneo e cremoso.

90. salsa teriyaki

ingredienti
- 1 mezzo spicchio d'aglio
- 1 pezzetto di zenzero
- 1 cucchiaio di buon olio da cucina
- 1 cucchiaio di olio di sesamo
- 50 g di zucchero di canna
- 150 ml di salsa di soia
- 150 ml mirino
- 50 ml di sake
- Facoltativo: semi di sesamo pelati

Passo dopo passo
1. Tostare brevemente i semi di sesamo sbucciati in una padella e metterli da parte.

2. Sbucciate mezzo spicchio d'aglio e un pezzetto di zenzero delle stesse dimensioni.
3. Mettere l'olio da cucina e l'olio di sesamo in una casseruola, soffriggere lo zenzero e l'aglio leggermente.
4. Aggiungere lo zucchero e far sciogliere mescolando continuamente.
5. Aggiungere il mirin, la salsa di soia e il sake.
6. Ridurre la salsa alla consistenza desiderata a fuoco medio. Mescolare regolarmente per sciogliere i pezzi di zucchero caramellato.
7. Verso la fine della cottura aggiungete i semi di sesamo.
8. Eliminate lo zenzero e l'aglio, lasciate raffreddare la salsa.

POLLAME

91. Pollo alla griglia

ingredienti
- 1 pollo ca. 1,2 kg
- sale
- Pepe
- 3 gambi di prezzemolo
- 3 gambi di timo
- 1 cipolla
- 4 cucchiai di olio di colza
- 1 cucchiaino di paprika dolce in polvere
- 2 cucchiaini di concentrato di pomodoro
- ½ cucchiaino di timo essiccato

- 50 ml di birra scura

Fasi di preparazione

2. Lavare il pollo, asciugarlo e condire sia l'interno che l'esterno con sale e pepe. Agitare il prezzemolo e il timo dopo averli lavati. La cipolla deve essere sbucciata e tagliata in quarti. Riempite la cavità addominale con la cipolla e le erbe aromatiche e fissatela con uno stuzzicadenti.
3. Unire l'olio di colza, la paprika in polvere, il concentrato di pomodoro e il timo in una ciotola. Spennellare metà della marinata sul pollo e mettere da parte troppo ripida per 30 minuti.
4. Il pollo va quindi adagiato su uno spiedino da griglia, fissato sopra la griglia e cotto per circa 1 ora, girando spesso. Spennellare periodicamente con la marinata. 10 minuti prima della fine della cottura, spennellare con la birra.

92. Ali di pollo alla griglia

ingredienti

- 1 kg di ala di pollo
- 2 spicchi d'aglio
- 1 peperoncino
- 2 cucchiai di concentrato di pomodoro
- 1 cucchiaio di miele
- 1 cucchiaino di senape piccante
- 1 cucchiaio di aceto balsamico
- 2 cucchiai di succo di limone
- 1 cucchiaio di erbe aromatiche fresche tritate timo e rosmarino
- 4 cucchiai di olio d'oliva
- sale

Fasi di preparazione

1. Lavate le ali di pollo e asciugatele. Sbucciare e tritare finemente gli spicchi d'aglio.
2. Lavate, mondate e tritate finemente il peperoncino. Mescolare aglio, concentrato di pomodoro, miele, senape, aceto balsamico, succo di limone, erbe aromatiche e olio e aggiustare di sale.
3. Stendete le ali sulla griglia e spennellate con la miscela di spezie. Grigliare per circa 20 minuti, girando di tanto in tanto e spennellando nuovamente la pasta.

93. Spiedini di pollo yakitori alla griglia

ingredienti

- 500 g di pollo gettato dalle cosce di pollo
- 2 cipollotti
- 80 ml di brodo di pollame
- 125 ml di salsa di soia
- 20 g di zucchero
- 2 cucchiai di mirin
- spiedino di bambù

Fase di preparazione

1. Mettere a bagno gli spiedini di bambù per qualche minuto in acqua. Il pollo deve essere tagliato a cubetti di 2 cm. Lavate e mondate i cipollotti, poi tagliateli in quattro pezzi uguali, bianchi e verde chiaro. Portare a

ebollizione il brodo di pollo, la salsa di soia e lo zucchero, quindi ridurre a fuoco basso e lasciar sobbollire per qualche minuto. Mirin può essere aggiunto a piacere.
2. Infilzare 3 pezzi di pollo e 2 pezzi di porro su ogni spiedino, quindi immergerli nella salsa, marinare per 10 minuti, scolarli e grigliarli per 7 minuti fino a doratura. Disporre gli spiedini in modo decorativo sui piatti e servire.

94. Petto di pollo alla griglia con spinaci

ingredienti
- 4 filetti di petto di pollo
- sale
- pepe del mulino
- 2 spicchi d'aglio
- 1 peperoncino
- 1 cucchiaio di semi di sesamo
- 5 cucchiai di olio
- 150 g di spinaci

Fasi di preparazione
1. Condire i filetti di petto di pollo con sale e pepe dopo averli spennellati con olio. Spin gli spinaci dopo che sono stati lavati, puliti e ordinati.

2. L'aglio deve essere sbucciato e tritato. Lavare il peperoncino, quindi tagliarlo in senso longitudinale per eliminare i semi e la pelle bianca interna prima di tritarlo molto finemente.
3. Grigliare i filetti di petto di pollo per 4-5 minuti per lato su una griglia calda. In una padella a parte, scaldare l'olio rimanente, soffriggere l'aglio, il peperoncino e i semi di sesamo finché non diventano fragranti, aggiungere gli spinaci, mescolare brevemente e aggiustare di sale.
4. Per servire, disporre gli spinaci nei piatti con l'aglio, il peperoncino e i semi di sesamo e guarnire con il petto di pollo grigliato.

95. Petto di pollo al sesamo

ingredienti

- 30 g di sesamo sbucciato (3 cucchiai)
- 720 g di filetto di petto di pollo (4 filetti di petto di pollo)
- 3 g di zenzero (1 pezzo)
- 1 peperoncino rosso
- 1 lime biologico
- 4 cucchiai di salsa di soia
- 2 cucchiaini di miele
- 1 cucchiaio di olio di colza
- 3 cucchiai di salsa di ostriche

Fasi di preparazione

1. In una padella tostare i semi di sesamo fino a doratura. Disporre su un piatto.

2. I filetti di petto di pollo vanno lavati e asciugati con carta da cucina.
3. Sbucciare e tritare finemente lo zenzero. Il peperoncino deve essere tagliato a metà nel senso della lunghezza, privato del torsolo e tritato finemente.
4. Lavate il lime in acqua calda, asciugatelo e grattugiate finemente metà della buccia. Il lime dovrebbe essere tagliato a metà e spremuto.
5. Mescola lo zenzero, il peperoncino, la scorza di lime, la salsa di soia, il miele, l'olio e la salsa di ostriche in una ciotola.
6. Lascia che la griglia si scaldi. Spennellare i filetti di petto di pollo con la salsa di peperoncino e miele, quindi metterli in padella e grigliare per 12 minuti, girando e spennellando più volte con la salsa.
7. I semi di sesamo dovrebbero essere cosparsi sui filetti di petto di pollo e il succo di lime dovrebbe essere spruzzato a piacere.

96. Involtini di prosciutto feta alla griglia

ingredienti

- 300 g di feta
- 5 rami di timo
- 120 g di prosciutto di tacchino essiccato all'aria a fette

Fasi di preparazione

1. Tagliate la feta a bastoncini spessi un dito. Lavate il timo, asciugatelo bene, spellate i rametti e cospargete con bastoncini di feta.
2. Avvolgere le penne nel prosciutto e friggerle su una griglia per un totale di ca. 5 minuti fino a leggera doratura.

97. Panini con pollo alla griglia

ingredienti
- 4 filetti di petto di pollo ca. 100 g ciascuno
- sale
- Pepe
- 1 cucchiaio di olio vegetale
- 1 uovo
- 2 cucchiai di parmigiano
- 2 cucchiai di burro
- 8 fette fetta di panino
- 8 fette di bacon da colazione
- 2 cucchiai di pesto rosso
- 150 g di formaggio (a fette)
- 4 fette di prosciutto cotto

Fasi di preparazione

1. Preriscaldare il forno per la funzione grill.
2. Sciacquare i petti di pollo, asciugarli, condirli con sale, pepe e friggere in olio caldo in una padella da entrambi i lati per 2-3 minuti fino a doratura. Lasciar cuocere per 3-4 minuti a fuoco dolce. Quindi tagliatelo a pezzetti.
3. Sbattere l'uovo con il parmigiano. Passare le fette di sandwich attraverso l'uovo e friggerle in una padella nel burro caldo fino a doratura su entrambi i lati.
4. Soffriggere la pancetta in una padella senza olio fino a doratura. Spalmare uno strato sottile di pesto su 4 fette di pane. Quindi guarnire con il formaggio, il prosciutto, la pancetta e il petto di pollo. Coprite le restanti fette di pane e infornatele dorate e croccanti sotto il grill caldo finché il formaggio non si sarà sciolto.
5. Servire a metà se lo si desidera.

98. Filetto di pollo alla griglia con guacamole

ingredienti
- 4 filetti di petto di pollo
- sale
- pepe macinato fresco
- 2 avocado maturi
- 3 pomodori maturi
- 1 cipolla rossa
- 2 cucchiai di succo di limone
- 1 cucchiaino di pepe di Cayenna
- olio extravergine d'oliva
- polpette di tortilla prodotto finito, ad libitum
- scorza di limone o spicchi d'arancia

Fasi di preparazione

1. Sbucciare e tagliare a metà gli avocado, togliere il nocciolo e tagliare la polpa a cubetti. Lavare e tagliare a cubetti i pomodori. Sbucciare e tagliare a cubetti la cipolla. Mescolate la polpa di avocado con i pomodori e la cipolla. Mescolare con 2 cucchiai di olio, succo di limone, sale e pepe di Cayenna.
2. Asciugare i filetti di petto di pollo e condire con sale e pepe. Spennellare con un filo d'olio, quindi disporre sulla brace calda o sulla griglia da tavolo e grigliare per 3-4 minuti per lato. Tagliate a rondelle i filetti di petto e disponeteli nei piatti con il guacamole. Bastano spicchi di limone o arancia e tortillas riscaldate.

99. Banana grigliata e spiedini di pollo

ingredienti
- 800 g di filetto di petto di pollo
- 4 cucchiai di salsa di soia
- 4 cucchiai di olio di sesamo
- 1 cucchiaino di curcuma
- 1 cucchiaino di timo essiccato
- pepe del mulino
- 2 banane
- 2 cipolle rosse
- sale

Fasi di preparazione
1. Immergere gli spiedini di legno (4 piccoli o 8 grandi) per circa 30 minuti.

2. Nel frattempo lavate i petti di pollo, asciugateli e tagliateli a cubetti. Mescolare la salsa di soia con l'olio, la curcuma, il timo e il pepe e marinare i cubetti di pollo in frigorifero per circa 2 ore.
3. Sbucciare le banane e tagliarle a fette di ca. 1 cm di spessore. Sbucciare le cipolle e tagliarle a pezzi grandi. Adagiate sugli spiedi alternativamente i cubetti di carne, le banane e i pezzi di cipolla e grigliateli sulla griglia calda per 8-10 minuti, rigirandoli di tanto in tanto. Infine aggiustate di sale e servite.

100. Arrosto di tacchino alla griglia

ingredienti
- Arrosto di tacchino finito da 1 kg
- sale
- Pepe
- 2 cucchiai di concentrato di pomodoro
- 1 cucchiaio di senape
- 2 cucchiai di olio d'oliva
- 2 spicchi d'aglio
- 1 cucchiaino di paprika in polvere

Fasi di preparazione
1. Lavare il rotolo di tacchino, asciugarlo, condire con sale e pepe. Mettere su un girarrosto e fissare con i supporti.

2. Mescolare il concentrato di pomodoro, la senape, l'olio e la paprika in una marinata. Sbucciare e tritare l'aglio e aggiungerlo alla marinata. Spennellare gli involtini di tacchino tutt'intorno con la marinata.
3. Arrostire nella griglia rotante preriscaldata a fuoco medio per 60 minuti fino a doratura, spennellando ripetutamente con la marinata. Togliere l'arrosto di tacchino dal girarrosto e tagliarlo a fette.

CONCLUSIONE

Infine, vale la pena ricordare i passaggi.

- Attenzione alla qualità della carne.
- Tieni tutto pulito. Se hai bambini e animali domestici, tienili lontani dal fuoco.
- Se possibile, stai vicino alla griglia, che sia solo tu o la persona responsabile dell'arrosto della carne. In questo modo, avrai un miglior controllo sul tuo brager e sarai in grado di preparare un delizioso barbecue.
- Dopo il barbecue, tenete tutti gli utensili e il carburante fuori dalla portata dei bambini.
- Se il barbecue è di tipo portatile o improvvisato, adottare tutte le misure che non rappresentino un rischio per le persone, in particolare i bambini e gli anziani.
- Rispettando tutte queste precauzioni adatte alla tua realtà, il tuo barbecue sarà sempre il più discusso tra i tuoi amici e familiari. Il barbecue non deve essere solo delizioso, ma anche sicuro e realizzato in modo che tutti siano sempre felici e soddisfatti.

www.ingramcontent.com/pod-product-compliance
Lightning Source LLC
Chambersburg PA
CBHW071827080526
44589CB00012B/940